**지은이 이반 키리오우**
프랑스의 과학 저널리스트이자 과학사 박사입니다. 다양한 과학 주제에 관심을 가지고 연구를 하고 있으며,
대중적이고 흥미로운 과학 관련 책들을 펴내고 있습니다.

**지은이 리아 밀센트**
프랑스 파리 제6대학(피에르 마리 퀴리 대학)에서 심리 측정학 학위를 따고 골병증과 신경 과학 및 통증 연구 및 실습,
소아과·산부인과·내분비 학과 교육 이수, 수동 치료 전문 교육을 받았습니다. 통증과 근육 관련 컨설턴트로 활동하고 있으며,
정기적으로 강의 및 교육, 상담을 하면서 과학과 의학 관련 책을 쓰고 있습니다.

**옮긴이 김성희**
부산대학교 불어교육과와 동대학원을 졸업하고 현재 전문 번역가로 활동 중입니다.
주요 역서로는 《대단하고 유쾌한 과학 이야기》, 《우유의 역습》, 《철학자들의 식물도감》, 《부엌의 화학자》,
《인간의 유전자는 어떻게 진화하는가》, 《분류와 진화》, 《죽는다는 것은 무엇인가》, 《인체와 기계의 공생 어디까지 왔나》,
《물질은 어떻게 생명체가 되었을까》, 《예술의 기원》, 《최초의 도구》, 《아들아 넌 부자가 될 거야》, 《부모의 심리백과》,
《생의 마지막 순간 나는 학생이 되었다》, 《심플하게 산다》, 《방랑자 선언》, 《세상에는 없는 미술관》, 《착각을 부르는 미술관》,
《세상을 바꾼 작은 우연들》 등이 있습니다.

초판 1쇄 발행 2022년 6월 30일 | 지은이 이반 키리오우·리아 밀센트 | 옮긴이 김성희
펴낸곳 보랏빛소 | 펴낸이 김철원 | 책임편집 김이슬 | 마케팅·홍보 이태훈 | 디자인 진선미
출판신고 2014년 11월 26일 제2015-000327호 | 주소 서울시 마포구 포은로 81-1 에스빌딩 201호
대표전화·팩시밀리 070-8668-8802 (F)02-323-8803 | 이메일 boracow8800@gmail.com

ISBN 979-11-90867-75-7 (74400)

Copyright ⓒ Larousse 2017
21 rue du Montparnasse - 75006 Paris
Written by Ivan Kiriow and Léa Milsent
Original Title : Le Zapping des Sciences

All rights reserved.
No part of this book may be reproduced or transmitted in any form or by any means,
electronic or mechanical, including photocopying, recording, or by any information storage and retrieval system,
without the written permission of the publisher.

Korean language edition ⓒ 2022 by Borabitso Publishing Co.
Korean translation rights arranged with Editions LAROUSSE through Pop Agency, Korea.

- 이 책의 한국어판 저작권은 팝에이전시(POP AGENCY)를 통한 저작권사와의 독점 계약으로 보랏빛소가 소유합니다.
- 신 저작권법에 의하여 한국 내에서 보호를 받는 저작물이므로 무단전재와 무단복제를 금합니다.

과학적 사고력을 키워 주는
필독 교양 백과

# 은근히 재미있는 과학책

수학과 물질

이반 키리오우·리아 밀센트 지음 | 김성희 옮김

보랏빛소 어린이

일러두기

1. 본문에 나오는 인명, 지명, 용어 등은 국립국어원의 표기법을 따르되, 경우와 필요에 따라 역자나 편집자가 임의로 선택하였습니다.
2. 프랑스 원서 특성상 본문에 수록된 사례나 통계가 프랑스를 기준으로 작성되어 있습니다. 그중 가능한 부분은 편집부에서 임의로 유사한 국내의 사례나 통계로 교체하였습니다.

# 추천사

과학이란 지식의 총합이 아니라 생각하는 방법이고 세상에 대한 태도다. 하지만 방법과 태도는 지식이 있어야 생기는 법. 교양 과학의 세계에 들어가기 위해서 생명, 진화, 지구, 우주, 인체, 기술 등 과학의 전반적인 부분을 짧고 명료하게 정리한 과학 백과 사전 같은 책이 집집마다 필요한 이유다. 《은근히 재미있는 과학책》은 이 역할을 충실히 담당하는 시리즈다.

-이정모 (국립 과천과학관장)-

과학을 공부하기 시작하는 학생들에게 '과학'은 무엇보다 쉽고, 재미있어야 한다. 어려운 용어와 긴 설명은 '과학'으로부터 멀어지게 할 수 있기 때문이다. 이 책은 과학의 발달 과정에서 중요한 역할을 했던 과학자와, 과학사에 영향을 미친 주요 사건들을 흥미로운 제목과 간결한 문체로 스토리를 구성하여 제시하고 있다. 이제 막 과학을 공부하기 시작하는 학생들과 술술 읽히는 '과학 교양서'를 찾고 있던 성인 독자에게 이 책을 권하고 싶다. 이 책을 통해 '우리는 대체 어디에서 왔는지, 무엇으로 이루어져 있는지, 어떻게 살아가야 하는지'에 대한 해답을 찾을 수 있을 것이다.

-장성민 (현 선덕고등학교 화학 교사, 전 EBSi 화학논술 대표 강사)-

# 차례

추천사 • 3

## 1. 수학의 발견과 발명 • 6

탈레스와 피타고라스 : 고대 그리스의 수학 • 8

아리스토텔레스 : 모든 과학을 두루 연구하다 • 10

정확한 값을 알 수 없는 미지의 수, 파이 • 12

이슬람 과학의 보물 • 14

황금비의 신비 • 16

데카르트 : 수학으로 세상을 분석하다 • 18

소수에 숨어 있는 비밀 • 20

파스칼 : 진공의 존재를 밝히다 • 22

수학의 틀에 갇힌 우연, 확률 • 24

과학사의 10대 공식 • 26

통계와 그것이 말해 주는 것 • 28

현기증을 불러일으키는 무한대 • 30

카오스 이론과 프랙털 이론 • 32

비유클리드 기하학 • 34

## 2. 물질의 비밀 • 36

원자의 대모험 • 38

원소를 분류하다 • 40

세상의 모든 빛깔 • 42

빛의 수수께끼 • 44

뉴턴의 혁명 • 46

연금술 : 물질의 미스터리 • 48

라부아지에 : 모든 것은 변화할 뿐이다! • 50

시간의 측정 • 52

공기 중의 전기 • 54

마리 퀴리 : 두 개의 노벨상을 받다 • 56

열역학의 법칙 : 무질서를 향해 가다 • 58

반박 불가의 천재, 아인슈타인 • 60

빛처럼 빠르게 • 62

양자 역학 : 입자의 세계를 들여다보다 • 64

식탁 위의 화학 • 66

입자의 세계 • 68

나노 과학 : 희망인가, 위협인가? • 70

끈 이론 : 물리학의 통합을 시도하다 • 72

### 3. 과학과 기술 • 74

증기 : 새로운 동력의 시대를 열다 • 76
사진 기술의 발전 • 78
영화의 탄생과 3D 기술 • 80
소리의 세계 • 82
속도 경쟁 • 84
인간을 개조하고 강화하다 • 86
레이저 : 미래의 빛 • 88
컴퓨터의 시작 • 90
인터넷 : 전 세계를 연결하다 • 92
생물 정보학 : 생물을 디지털화하다 • 94
빅데이터 : 인간의 패턴을 예측하다 • 96
양자 컴퓨터 : 미래의 컴퓨터? • 98
이진법의 세계 • 100

사람을 치료하는 과학 기술 • 102
로봇과 인공 지능 • 104
공상 과학 : 꿈일까, 현실일까? • 106

찾아보기 • 108
이미지 자료 출처 • 109

# 수학의 발견과 발명

## 수학과 함께 새로운 세계로!

혹시 수학이 어렵고 따분하기만 하다고 생각하나요? 학교에서 시험 칠 때 말고는 별 쓸모가 없다고 생각하지는 않고요? 전혀 그렇지 않아요! 알고 보면 수학의 세계는 매우 흥미롭답니다. 세상의 수많은 궁금증을 과학적으로 이해할 수 있게 해 주는 열쇠거든요. 더하기, 빼기, 곱하기, 나누기처럼 일상에서 흔히 쓰이는 간단한 계산부터 최신 기기를 만들고 작동시키는 데 필요한 복잡한 계산까지 수학은 정말로 쓸모가 많답니다. 수학을 새로운 눈으로 다시 보세요. 분명 놀랍고 재미있는 세계를 만날 수 있을 거예요!

## 수학을 바라보는 두 갈래 시선

과학의 세계에서 수학은 크게 두 가지 의의를 지니고 있어요. 하나는 어떤 문제를 푸는 데 꼭 필요한 수단, 즉 도구라는 거예요. 그리고 다른 하나는 그 자체가 연구 대상인 하나의 순수한 학문이라는 것이죠. 우선 수학은 자연 현상을 이해하고 예측하는 데 꼭 필요한 도구로 여겨진답니다. 그런데 처음부터 그랬던 것은 아니에요. 고대에는 수학으로 현실 세계보다는 머릿속으로 만들어 낸 세계를 이해하려고 했어요. 예를 들어 그리스의 철학자 플라톤은 인간의 이성이 만들어 낸 완전한 세계(이데아)를 수학으로 증명할 수 있다고 생각했지요. 이때 활용되었던 것이 바로 도형과 공간의 성질을 연구하는 기하학이었고요. 이렇게 고대부터 많은 학자들이 수와 도형의 연구를 통해 갖가지 비밀을 풀려고 노력했어요. 이 노력은 이탈리아의 수학자 갈릴레이의 시대에 이르러서야 비로소 결실을 맺게 되었답니다. 근대 과학의 아버지라 불리는 갈릴레이 덕분에 드디어 사람들이 '우주를 수학으로 설명할 수 있다'는 사실을 받아들이게 되었거든요. 이후부터 수학적인 계산이 어떤 새로운 물질의 발견이나 실험 못지않게 큰 활약을 하게 된답니다. 수학의 두 번째 의의는 수학이 그 자체로 하나의 온전한

알수록 재미있는 수학의 세계

학문이라는 것이에요. 그런데 이에 대해서는 두 가지 의견이 맞서고 있어요. 플라톤의 뒤를 이은 사람들은 수학이 그냥 그 자체로 존재한다고 생각하지요. 반대로 수학은 현실 세계를 바탕으로 인간이 만들어 낸 개념이라고 생각하는 사람들도 있어요. 그래서 여러 가지 수학적인 정리와 법칙, 증명을 두고 원래 존재하던 것을 '발견' 했다고 해야 하는지 아니면 사람들이 '발명'했다고 해야 하는지에 대한 논란이 있답니다. 심지어 수학이 고대 그리스에서 이미 다 완성되었기 때문에 수학에는 고대 이후의 역사가 없다고 말하는 사람들도 있어요! 이런 생각은 이미 완성된 수학에 더 발견할 것이 남아 있는지, 그렇다면 오늘날의 수학자들은 무엇을 연구해야 하는지 등에 대한 의문을 낳지요. 수학이 점점 사람들과 멀어지고 있어서 이런 생각과 의문들이 생겨나는 걸까요? 이런 잘못된 인식에 가려져 있을 뿐 분명 수학은 지금도 꾸준히 발전하고 있답니다.

### 위대한 도전!

오늘날 우리는 피타고라스의 정리나 실수와 허수의 합으로 이루어지는 복소수 등을 아주 당연하게 받아들이고 있어요. 하지만 이것들은 어느 날 갑자기 완성된 것이 아니랍니다. 오랜 연구와 수많은 시행착오를 거쳐 얻어낸 결과물이지요.

하지만 수학은 아직 갈 길이 멀어요. 20세기 초 독일의 수학자 다비트 힐베르트는 앞으로 수학계가 풀어야 할 가장 중요한 수학 문제 23개를 제시했어요. 2000년 미국의 클레이 수학연구소는 '밀레니엄 문제' 로 불리는 수학의 7대 난제를 푸는 사람에게 상금을 주겠다고 선언하기도 했고요. 한 문제당 무려 100만 달러(약 12억 원)의 상금이 걸려 있답니다! 그중 '페르마 정리'나 '푸앵카레 추측' 같은 일부 문제들은 최근 해결이 되었어요. 하지만 다른 미해결 난제들은 또 다른 '수학 천재'들을 위한 도전 과제로 여전히 남아 있어요. 이러한 수학계의 도전은 수학에만 영향을 미치는 것이 아니랍니다. 장래가 유망한 여러 분야의 연구들이 발전하려면 수학적인 지식이 꼭 필요하거든요! 예를 들어 '프랙털 기하학'이라는 것이 있어요. 현대 수학 이론 중 하나인 프랙털 기하학은 인공 지능, 시뮬레이션, 우주 분야 등 이미 많은 곳에서 응용되고 있답니다.

# 탈레스와 피타고라스 : 고대 그리스의 수학

### 탈레스의 정리

고대 그리스 지역에는 위대한 인물로 존경받는 7인의 현자가 있었어요. **탈레스**도 그중 한 명으로 꼽히는 철학자예요. 탈레스는 기원전 585년에 일어난 일식을 예언해 사람들을 놀라게 한 일로 유명합니다. 그런데 어떻게 살았는지에 대해서는, 이집트에서 처음 수학을 배워 그리스에 기하학을 전해 주었다는 것 말고는 별로 알려진 것이 없어요. 탈레스가 직접 남긴 기록은 지금 전해지고 있지 않거든요. 현재 그에 대해 알려진 사실들은 모두 후대의 사람들이 기록한 것이랍니다. 수학에는 탈레스의 이름이 붙어 있는 아주 기본적이고 중요한 정리가 있는데, 바로 '탈레스의 정리'예요. '원은 지름에 의해 이등분된다' '이등변삼각형의 두 밑각의 크기는 같다' 등 도형의 성질에 대한 5개의 정리를 '탈레스의 정리'라고 해요.

산술의 여신이 보는 가운데 주판으로 계산을 하고 있는 피타고라스(오른쪽)

### 최초의 철학자

**피타고라스**는 최초의 철학자로 잘 알려져 있어요. '지혜에 대한 사랑'을 뜻하는 '필로소피아(philosophia)'라는 말을 처음으로 썼기 때문이지요. 이 단어에서 생겨난 말이 바로 '철학(philosophy)'이에요. 철학은 이성과 논리를 통해 진리를 추구하는 지적 활동을 뜻한답니다. 하지만 피타고라스는 수학자로 더 유명해요. '직각삼각형의 빗변의 제곱은 다른 두 변의 제곱의 합과 같다'라는 피타고라스의 정리 때문이지요. 그런데 피타고라스가 이 정리를 증명했다는 역사적 증거는 어디에도 없어요. 사실 이 정리는 피타고라스가 살던 시대 이전부터 알려져 있던 것이라고 해요. 피타고라스는 '수(數)'가 만물의 근원이라고 보았어요. 그래서 '수'를 통해 세상을 설명하려고 했고 수학이 세상을 이해하는 열쇠라고 생각했답니다.

기원전 610년에 태어난 아낙시만드로스

# 수학의 발견과 발명

### 최초로 측정한 지구의 둘레

그리스의 수학자이자 천문학자인 **에라토스테네스**는 간단하면서도 기발한 방법으로 지구의 둘레를 처음으로 계산하는 데 성공한 인물이에요. 에라토스테네스는 1년 중 낮의 길이가 가장 긴 날(하지)에 해가 가장 높이 뜨는 시각이 되면 시에네(현재의 이집트 아스완)에 있는 우물의 바닥에는 그림자가 전혀 생기지 않는다는 사실을 알게 되었어요. 그는 그 이유가 그 순간 햇빛이 지표면에 수직으로 들어오기 때문이라는 점을 깨달았지요. 에라토스테네스는 자신이 살고 있던 알렉산드리아에 막대기를 세웠어요. 시에네의 우물 바닥에 그림자가 생기지 않는 시각에 알렉산드리아에 세운 막대기의 그림자가 만들어 내는 각도와 두 도시 사이의 거리만 알면 지구의 둘레를 계산할 수 있다고 생각했기 때문이에요. 두 도시와 지구의 중심을 연결하는 부채꼴의 호의 길이를 구하면 지구 전체의 둘레를 추론할 수 있을 테니까요. 이렇게 해서 에라토스테네스는 지구의 둘레가 약 4만 6000킬로미터라는 결론을 얻었답니다. 현대의 측량 도구를 이용해 적도를 따라 측정한 지구의 둘레 4만 75킬로미터와 놀랄 만큼 비슷한 값이지요!

### 물고기에서 사람까지

고대 그리스의 철학자이자 탈레스의 제자인 아낙시만드로스는 동물이 태양의 작용으로 습기가 있는 곳에서부터 생겨난다고 생각했어요. 그런 다음 서서히 변화한다고요. 그러니까 물고기였던 생물들이 포유동물을 거쳐 인간에까지 이르렀다는 거예요. 따라서 어떤 의미에서는 진화론을 주장한 최초의 학자라고도 할 수 있겠죠.

### 유레카!

**아르키메데스**는 고대 그리스의 학자 중 가장 뛰어난 인물로 손꼽힌답니다. 현대의 과학적 사고와 가장 가까운 생각을 했던 사람이기도 하고요. 특히 시라쿠사(이탈리아 시칠리아섬에 있는 도시)의 왕 히에론 2세와 관련된 일화로 유명하지요.
어느 날 아르키메데스는 왕으로부터 왕관이 순금인지 아닌지를 알아내라는 명령을 받았어요. 욕조에 몸을 담그고 한참을 고민하던 아르키메데스는 욕조의 물이 넘치는 것을 보고 해결책을 찾았답니다. 물에 잠긴 물체가 밀어낸 물의 부피(물질이 공간에서 차지하는 크기)와 물체의 밀도(일정한 크기 안에 물질이 빽빽하게 들어 있는 정도) 사이의 관계를 깨달았거든요. 왕관과 순금의 밀도를 비교할 수 있는 방법을 찾아낸 것이지요! 그는 너무 기쁜 나머지 욕조에서 벌떡 일어나 "유레카! (깨달았다는 의미)"를 외쳤다고 해요.
사실 이 이야기는 실제로 있었던 일이라기보다는 전설에 가까워요. 하지만 아르키메데스가 부력의 원리를 찾아낸 건 사실이랍니다. '부력'은 아래에서 위로 작용하는 힘이에요. 물에 잠긴 물체는 이 부력을 받아요. 이때 받은 힘의 크기는 물체에 의해 밀려난 물의 무게와 같다는 것이 바로 부력의 원리예요. 기록에 따르면 아르키메데스는 직접 발명한 볼록 거울로 햇빛을 모아서 시라쿠사를 공격하는 로마의 배를 불태우기도 했다고 해요.

욕조에서 부력의 원리를 발견한 아르키메데스

# 아리스토텔레스 : 모든 과학을 두루 연구하다

### 스타게이로스 사람 아리스토텔레스

아리스토텔레스는 기원전 384년 마케도니아 지방의 스타게이로스에서 태어났어요. 그래서 '스타게이로스 사람'이라고 불리기도 하지요. 아리스토텔레스는 플라톤이 아테네에 세운 학교인 아카데미아에 들어가면서 본격적으로 철학의 길을 걷기 시작했어요. 기원전 343년에는 훗날 알렉산드로스 대왕이 되는 알렉산드로스 3세의 가정 교사가 되어 궁정에 들어갔지요. 알렉산드로스 3세가 왕위에 오르자 이듬해인 기원전 335년에 다시 아테네로 돌아와 '리케이온'이라는 학교를 세웠고요. 아리스토텔레스는 알렉산드로스 대왕의 후원을 받으며 리케이온에서 12년 동안 제자들을 길렀어요. 그리고 알렉산드로스 대왕이 사망하고 난 1년 뒤인 기원전 322년에 세상을 떠났답니다.

### 논리학의 아버지

고대 그리스의 철학자 플라톤은 도형과 공간의 연구를 통한 기하학적 증명이 가장 훌륭한 지식이라고 생각했어요. 하지만 플라톤의 제자였던 아리스토텔레스는 논리적 추론을 더 좋아했답니다. **논리학**은 올바른 추론으로 명제(참 또는 거짓을 명확하게 구별할 수 있는 문장이나 식)의 참과 거짓을 확인하는 학문이에요. 이 논리학은 사실상 아리스토텔레스가 만들었다고 할 수 있지요.

### 우리는 달라!

플라톤은 실제 세상보다 인간이 깊은 생각을 통해 머릿속에 그려 낸 세계가 더 우월하다고 여겼어요. 이와 달리 아리스토텔레스는 실제로 세상에 존재하는 것들을 중시했지요. 세상이 수학 법칙의 지배를 받는다고 생각하지도 않았고요. 그래서 경험을 바탕으로 한 철학을 펼치게 되지요. 이런 그의 영향으로 경험과 측정을 중시하는 과학적 방법론이 탄생했답니다.

### 가능태와 현실태

플라톤은 **수학**이 절대적 진리라고 생각했지만 아리스토텔레스는 생물을 관찰하면서 더 많은 영감을 얻었답니다. 그는 어떤 가능성을 품은 모든 것들을 '가능태', 그 가능성이 실제로 이루어진 것을 '현실태'로 정의했어요. 이 개념은 생물의 발달 과정에도 적용해 볼 수 있어요. 예를 들어 어떤 식물의 종자나 배아는 가능태, 그것들이 성장한 나무 등의 식물은 현실태라고 할 수 있지요.

### 대전제, 소전제, 결론

**삼단 논법**은 사실로 확인된 두 단계의 전제를 거쳐 결론을 이끌어 내는 방법이에요. 일반적인 사실을 말하는 대전제와 특수한 사실을 말하는 소전제에서 구체적인 결론을 얻어 내는 것이지요. '모든 사람은 죽는다'라는 대전제에서 '아리스토텔레스는 사람이다'라는 소전제를 거쳐 '따라서 아리스토텔레스는 죽는다'라는 결론을 이끌어 내는 추론이 대표적인 삼단 논법이에요. 20세기에 수학을 이용하는 논리학이 등장하기 전까지는 삼단 논법이 논리학의 일반적인 사고방식이었답니다.

# 수학의 발견과 발명

> **폭넓은 지식**
>
> 아리스토텔레스는 생물학, 박물학, 기상학, 지질학, 천문학 등등 자연에 대한 거의 모든 지식 분야에 엄청난 양의 기록을 남겼어요. 이전 학자들이 남긴 지식과 이론을 수집하고 비판하는 일도 게을리하지 않았고요. 아리스토텔레스가 정확하게 실험적인 방법을 사용했다고는 할 수 없어요. 하지만 현상을 직접 관찰한 후 그 결과를 바탕으로 철학 체계를 세우려고 노력했다는 것은 분명한 사실이에요.

## 생물의 분류

아리스토텔레스는 생물을 '속'과 '종'으로 **분류**해 구분하는 방법을 제시했어요. 이 방법으로 당시에 알려져 있던 약 400여 종의 동물들을 꽤 체계적으로 분류했지요. 아리스토텔레스는 이 분류 체계에서 동물을 크게 유혈 동물과 무혈 동물로 구분했어요. 유혈 동물은 다시 발생 양식과 발의 수를 주요 기준으로 태생 사족류, 난생 사족류, 조류, 어류로 구분했고요. 그의 이런 분류 체계는 17세기에 과학적인 박물학이 본격적으로 시작되면서 다시 검토되고 일부 수정되었어요. 그래도 18세기의 몇몇 박물학자들이 저지른 실수는 범하지 않았답니다. 그들은 포유류에 해당하는 고래나 바다표범을 어류로 분류하거나 포유류인 박쥐를 조류로 분류하는 등의 오류를 범했지요. 하지만 아리스토텔레스는 이런 동물들을 모두 네 발 달린 동물인 사족류로 분류했거든요!

## 아리스토텔레스의 재발견

고대 철학자인 아리스토텔레스는 시간이 흐르면서 중세에는 거의 잊혀 있었어요. 그러다 이슬람 철학자들을 통해 그의 책들이 유럽에 들어오면서 **다시 주목받게** 되었답니다. 이븐루시드 같은 이슬람 철학자들은 그의 책을 단순히 번역만 한 것이 아니라 해설 등을 덧붙이기도 했지요. 중세 시대 말기는 기독교 신앙을 체계적으로 정리하고 이해하려는 스콜라 철학이 대세였어요. 아리스토텔레스의 책들은 그런 스콜라 철학에서 반드시 읽어야 하는 필독서였고요. 그런데 가톨릭 교회가 언제나 아리스토텔레스를 환영했던 건 아니에요. 1277년 파리의 주교였던 에티엔 탕피에는 소르본 대학 신학자들의 조언에 따라 200가지가 넘는 철학 명제를 금지했거든요. 금지된 것들은 모두 아리스토텔레스의 가르침에 바탕을 둔 것이었다고 해요. 그 내용이 신의 창조 행위나 기적과 같은 종교적 가르침과 어긋났기 때문이지요. 중세 독일의 신학자 알베르투스 마그누스와 그의 제자 토마스 아퀴나스는 이렇게 사이가 나빴던 아리스토텔레스의 철학과 기독교 신학 사이를 화해시키기 위해 많은 노력을 했어요. 덕분에 과학 혁명이 일어나기 전까지 아리스토텔레스는 다시 막강한 영향력을 행사할 수 있었답니다.

아리스토텔레스가 생각한 윤리학, 정치학, 경제학을 묘사한 세밀화

# 정확한 값을 알 수 없는 미지의 수, 파이

### 특별한 수 π

π(파이)는 그리스어로 '둘레'를 뜻하는 단어의 첫 글자예요. 수학에서는 이 그리스 문자 'π'가 원주율을 뜻해요. 즉 원의 둘레와 지름의 비(원주율)를 나타내는 부호랍니다. 보통 원의 반지름을 'r'로 표기하는데, 이에 따라 원의 둘레는 $2\pi r$, 원의 면적은 $\pi r^2$이 되고요. 수학을 공부하다 보면 이 공식들을 달달 외울 수밖에 없어요. 하지만 π라는 특별한 숫자 뒤에 숨은 이야기는 모르는 사람이 더 많답니다.

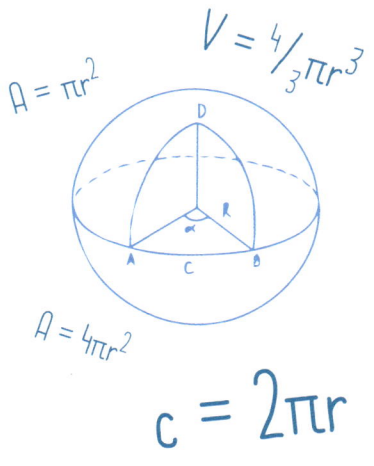

### '무리'하고 '초월'적인

수는 크게 실수와 허수(제곱해서 음수가 되는 수)로 구분돼요. 그리고 실수는 두 정수의 비(분수)로 나타낼 수 있는 유리수와, 그럴 수 없는 무리수로 나뉘고요. π는 이 무리수에 속해요. 그런데 무리수 중에는 일반적인 계산이나 방정식 풀이, 즉 대수적 계산으로는 얻을 수 없는 수가 있어요. 이것을 초월수라고 하지요. π가 바로 그 초월수에 속해요. 말하자면 π는 '무리한' 수이자 '초월적인' 수랍니다!

### 최초의 근삿값

수학의 역사에서 원주율, 즉 원의 둘레와 지름의 비가 일정하다는 사실은 아주 일찍부터 알려져 있었어요. 무려 기원전 2000년경의 바빌로니아 기록에 기하학적인 방법으로 구한 π의 최초의 근삿값이 나와 있을 정도니까요. 고대 이집트에서도 π의 값을 정확하게 알아내기 위해 노력한 모습이 남아 있어요. 린드 파피루스는 기원전 1650년경 아메스라는 이름의 서기가 2세기 전의 기록을 베껴 썼다는 두루마리 문서예요. 이 린드 파피루스에는 π의 값이 $(16/9)^2$에 해당하는 약 3.16049라고 적혀 있지요.

### 라틴어에서 왔어요

'무리수'를 뜻하는 영어 단어 '이래셔널 넘버(irrational number)'의 '이래셔널(irrational)'은 우리말로 보통 '비이성적인'이라고 번역해요. 그런데 무리수의 'irrational' 중 'ratio'는 '비(比, 견주다)'라는 뜻의 라틴어에서 가져왔답니다. 즉 두 수 사이의 '비'를 나타내는 '분수'를 의미하지요. 영어에서 단어의 앞에 붙는 'ir'은 '아니다'라는 의미예요. 따라서 'ir_ratio_nal'을 분석해 보면 '분수가 아니다'라는 뜻이 되지요.

### π는 무한히 계속된다!

모든 무리수와 마찬가지로 π 또한 소수(小數), 즉 일의 자리보다 작은 자릿수로 나타낼 수 있어요. 그 값은 우리가 잘 알고 있듯이 대략 3.14지요. 여기서 중요한 것은 '대략'이라는 말이에요. 왜냐하면 π는 끝도 없이 계속되는 무한 소수이기 때문에 그 값을 정확하게 나타낼 수 없거든요. 소수점 밑으로 16자리까지만 계산하면 3.1415926535897932예요. 컴퓨터를 이용하면 $10^{12}$자리까지도 계산할 수 있지요. 그러니까 무려 1조 자리까지도 구할 수 있다는 말이에요!

# 수학의 발견과 발명

### 누가 누가 더 찾나

π의 값을 정확하게 구하기 위한 수학 천재들의 경쟁은 오랜 시간 계속되었어요. 15세기에 페르시아의 천문학자이자 수학자인 알카시가 소수점 이하 16자리까지 계산했는데, 이 기록은 오랫동안 깨지지 않았지요. 이후로도 그 도전은 계속되었고, 1706년 영국의 존 머신이 소수점 이하 100자리의 벽을 허물었답니다. 1844년에는 독일의 암산왕 요한 다제가 무려 200자리까지 계산해 냈고요. 더 놀라운 것은 그 계산을 암산으로 했다는 사실이에요!

$V_{ab} = I\Sigma(R+r) - \Sigma_E$

### 아르키메데스가 계산한 원주율

고대 그리스의 수학자이자 물리학자인 **아르키메데스**는 그의 책 《원의 측정에 대하여》에서 정다각형을 이용해 π를 계산하는 방법을 제시했어요. '원주, 즉 원의 둘레 길이는 원에 내접하는 정다각형의 둘레의 길이보다는 길다'는 논리에 따라 원 안에 접한 정다각형의 변의 개수를 조금씩 늘려 가면서 계속해서 그 둘레를 측정하는 거예요. 변의 개수가 늘어 갈수록 정다각형은 점점 원에 가까운 모양이 되어 가겠지요? 이런 측정을 무려 정구십육각형에 이를 때까지 계속했어요. 아르키메데스는 이 방법으로 원주율이 3.140845(3+10/71)와 3.142857(3+1/7) 사이의 값이라는 결론을 얻었답니다.

### 원주율이 π가 되기까지

**원주율**을 π라는 그리스 문자로 표시할 생각은 누가 처음 했을까요? 그리스 문자니까 고대 그리스의 누군가였을까요? 아니에요. π라는 기호는 18세기에 등장했답니다. 그전까지는 '원의 상수'를 의미하는 다양한 표현들이 사용되었지요. 17세기에 일부 수학자가 π/δ라는 표기를 사용한 적이 있기는 하지만 이는 원의 둘레와 지름을 각각 π와 δ(델타)로 나타낸 것일 뿐이었어요. 그러다 1706년 영국의 수학자 윌리엄 존스가 처음으로 원주율을 π라는 기호 하나로 단순하게 나타내는 방법을 사용했어요. 1748년 스위스 출신의 수학자 레온하르트 오일러가 이 표기법을 따르면서 다른 사람들에게도 널리 퍼졌고요.

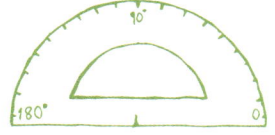

### 영감을 주는 숫자!

π가 가진 흥미로우면서도 신비한 속성은 수학자가 아닌 사람들에게도 여러 가지 영감을 불러일으켰답니다. 공상 과학 작가이자 천문학자인 칼 세이건은 1985년 π에 비밀 메시지가 숨겨져 있다는 허구의 내용을 담은 소설 《콘택트》를 펴냈지요. 미국의 영화감독 대런 애러노프스키는 자신의 첫 장편 영화 제목을 아예 〈π〉로 했고요. 1988년에 개봉된 이 영화는 수학자인 주인공이 월스트리트의 거물들과 신비주의 유대교 신도들이 탐내는 신비한 숫자를 우연히 알게 되면서 벌어지는 일들을 담고 있답니다.

# 이슬람 과학의 보물

### 이제 바그다드로!

이슬람 제국 아바스 왕조(8~13세기)의 시조는 사실상 제2대 칼리프 **알만수르**라고 할 수 있어요. 그는 점성가들의 조언에 따라 762년 티그리스 강 연안의 바그다드로 수도를 옮겼지요. 제7대 칼리프 알마문은 830년 바그다드에 왕립 연구 기관인 '지혜의 전당'을 세웠고요. 그리고 이곳 도서관으로 제국 전역의 뛰어난 학자들을 불러 모았답니다. 이집트 알렉산드리아 도서관의 명성을 잇는 이 화려한 도서관에는 그리스의 책들은 물론이고 페르시아, 인도, 비잔티움의 책들도 소장되어 있었다고 해요.

### 이슬람의 천문학

이슬람 사회에서는 천문학이 실용적인 목적으로 발전했어요. 이슬람교에서 행하는 약 한 달간의 금식 기간인 라마단의 시기를 결정하는 일을 비롯해 이슬람교를 믿는 사람들에게 필요한 여러 가지 정보들을 얻을 수 있었거든요. 중세 이슬람의 천문학자들은 대부분 고대 그리스의 천문학자 프톨레마이오스의 천동설을 지지했지만 결과적으로는 천문학의 발달에 큰 기여를 했어요. 이븐 알하이삼은 《프톨레마이오스에 대한 의문》이라는 책을 펴냈고, 아부 사이드 알시지는 지구가 태양 주위를 돈다는 주장, 즉 지동설을 내놓기도 했거든요. 16세기에 코페르니쿠스가 천동설을 뒤집는 주장을 펼칠 수 있었던 것은 이런 바탕이 있었기 때문이랍니다.

11세기 이슬람의 천구의(아스트롤라베). 48개 별자리를 이루는 별들이 점으로 표현되어 있다.

아스트롤라베를 사용하는 모습이 담긴 13세기 아랍 수사본

### 대수학의 이름은 그의 책에서 따왔지만

780년에 태어난 **알콰리즈미**는 중세 이슬람의 가장 중요한 수학자 중 한 명이에요. '대수학'과 '알고리즘'이라는 단어가 바로 알콰리즈미로부터 시작되었거든요. 그의 책 《복원과 대비의 계산》에서 '복원'을 뜻하는 'al-jabr'가 바로 대수학을 뜻하는 '앨지브라(algebra)'의 어원이에요. 알콰리즈미의 이름이 라틴어로 'Algoritmi'인데 이것이 사람 이름인 줄 모르고 잘못 번역을 하는 바람에 생겨난 말이 '알고리즘(algorism)'이고요. 그런데 사실 알콰리즈미는 대수학도 알고리즘도 만들어 내지 않았어요. 수 대신 문자를 이용해 방정식 등의 수학 문제를 푸는 대수학은, 그리스의 수학자 디오판토스가 이집트 알렉산드리아에서 활동했던 3세기부터 존재했던 걸로 보이거든요. 하지만 알콰리즈미는 이차 방정식의 해법에 관한 연구를 비롯해 많은 저서를 남긴 훌륭한 수학자임은 분명하답니다.

# 수학의 발견과 발명

### 제2의 아리스토텔레스

'아베로에스'로도 불리는 **이븐루시드**는 이슬람 과학의 황금기를 상징하는 학자예요. 철학적이고 신학적인 연구를 통해 아리스토텔레스의 철학과 이슬람 신앙이 서로 맞서지 않는다는 것을 증명하기 위해 노력한 것으로도 유명하고요. 천문학에도 조예가 깊어 프톨레마이오스의 우주 체계를 비판하는 의견을 내놓기도 했답니다.

이븐루시드와 그리스 철학자 포르피리오스의 가상 논쟁

### 광학의 기초를 닦다

**이븐 알하이삼**은 라틴어식 이름 '알하젠'으로도 잘 알려져 있는 인물이에요. 그는 빛의 여러 현상을 연구해 광학의 기초를 닦는 데 크게 기여했답니다. 당시의 일부 사람들은 빛이 눈에서 나오는 것이라고 생각했어요. 하지만 이븐 알하이삼은 실험을 통해 빛이 눈에서 나오는 것이 아니라 눈으로 들어오는 것이라는 사실을 증명했지요. 빛의 굴절 현상을 연구하면서 빛이 들어오는 입사각과 빛이 꺾이는 굴절각 사이에 어떤 상관관계가 있다는 것을 깨닫기도 했고요. 비록 그 상관관계의 열쇠가 빛의 각도가 아니라 삼각 함수를 이용한 사인 값이라는 것까지는 몰랐지만 말이에요.

### 의학의 발달

페르시아의 학자 **이븐 시나**는 라틴어식 이름인 '아비센나'로도 알려져 있어요. 의학 분야에서 두드러진 활약을 했지요. 그가 1010년에 쓴 《의학정전》에는 고대 의학의 양대 산맥인 히포크라테스와 갈레노스의 연구를 포함해 고대의 모든 의학 지식이 총망라되어 있어요. 뿐만 아니라 실제로 환자를 치료하며 연구한 내용을 담은 설명과 독창적인 처방도 함께 실려 있고요. 이븐 시나는 이 밖에도 많은 분야에서 이름을 떨쳤어요. 지층의 순서, 분포 등을 연구하여 지층을 구분하는 층서 지질학의 선구자이기도 했고 연금술사로도 활약했거든요.

### 시인이자 학자

페르시아의 오마르 하이얌은 삶의 기쁨을 찬양하는 동시에 인생의 짧음을 일깨우는 4행시집 《루바이야트》로 유명해요. '루바이야트'는 페르시아어로 4행시라는 뜻이에요. 그는 뛰어난 수학자이자 천문학자이기도 했어요. 삼차 방정식을 수 대신 문자를 이용해 푸는 방법, 즉 대수학적 방법으로 푸는 해법을 제시한 것으로도 유명하답니다. 이란 중부에 있는 도시 이스파한에 천문대를 세워 18년 동안 운영하기도 했고요.

15

# 황금비의 신비

### 유럽에 십진법을 알리다

중세 수학자 **레오나르도 피보나치**는 이탈리아에서 상인의 아들로 태어났어요. '피보나치'는 '보나치의 아들'이라는 뜻이에요. 지금의 알제리 베자이아 지방인 북아프리카의 부기아로 이사를 가게 되면서 알콰리즈미의 대수학을 비롯한 이슬람의 수학을 접하게 되었다고 해요. 이후 중동 지역을 여행하던 중 이슬람 세계에 들어온 인도의 십진법을 배웠고요. 1202년에는 다양한 수학 문제를 다룬 《주판서》라는 책을 통해 이 십진법을 유럽에 알렸답니다.

### 아랍에서 유럽으로

수를 기록하는 방법을 **기수법**이라고 해요. 현재 우리가 사용하는 기수법은 인도 수학자들이 만든 거예요. 우리는 0부터 9까지 10개 숫자를 사용하되, 같은 숫자라도 자리에 따라 그 값이 달라지는 십진법을 쓰고 있어요. 즉 같은 숫자 3이라고 해도 십의 자리에 있느냐 백의 자리에 있느냐에 따라 그 값이 달라지지요.

인도 기수법에서는 원래 1부터 9까지의 숫자만 사용되었어요. 그러다 628년 인도의 수학자 브라마굽타가 아무것도 없음을 뜻하는 숫자 '0'을 만들었지요. 수학에서 숫자 '0'의 발명은 정말로 엄청난 일이었답니다! 피보나치는 이 새로운 숫자 표기법을 아랍 사람들한테서 배워 유럽에 소개했어요. 그래서 이 숫자들이 '아라비아 숫자'로 불리게 되었지요.

$$f_n = f_{n-1} + f_{n-2}$$

### 자연 속 황금비

황금비에 해당하는 **비율**은 자연에서도 찾아볼 수 있어요. 앵무조개 껍데기의 무늬나 해바라기 씨가 배열된 모습이 대표적인 예랍니다.

$$\varphi = \frac{a+b}{a} = \frac{a}{b} = 1.618$$

황금비를 보여 주는 앵무조개의 껍데기

### 영감을 주는 황금비

한 선분을 두 부분으로 나눌 때, 전체에 대한 큰 부분의 비와 큰 부분에 대한 작은 부분의 비가 같게 한 비율을 황금비라고 해요. 대략 1.618:1이지요. 이 황금비는 우리 눈에 가장 균형감 있고 이상적인 비율로 보인답니다. 그래서 사람들의 마음을 쉽게 사로잡지요. 예술가들에게 영감을 주기도 하고요. 실제로 프랑스의 작곡가 클로드 드뷔시를 비롯해 헝가리의 작곡가 벨러 버르토크, 미국의 작곡가 존 케이지와 스티브 콜맨 등 많은 음악가들이 곡을 만들 때 황금비를 염두에 두었다고 해요.

# 수학의 발견과 발명

## 완벽한 비율

르네상스 시대의 미술가들은 완벽한 비율로 여겨지는 황금비에 집착에 가까울 정도로 큰 관심을 보였어요. 거래 장부를 적는 획기적인 방법, 즉 복식부기를 개발해 '회계학의 아버지'라 불리는 이탈리아의 수학자 루카 파치올리는 1509년 황금비를 주제로 한 《신성한 비례》라는 책을 펴냈는데, 이 책의 삽화를 그린 사람이 바로 그 유명한 화가 레오나르도 다빈치랍니다!

## 피보나치 수열

레오나르도 피보나치는 자신의 이름을 딴 수열로도 유명하답니다. 피보나치는 1202년에 펴낸《주판서》에 이 수열을 공개했어요. 토끼가 태어난 지 두 달이 될 때부터 매달 암수 한 쌍의 토끼를 낳는다고 생각해 볼까요? 그러면 매달 토끼는 1, 1, 2, 3, 5, 8, 13, 21……쌍씩 늘어나게 되지요. 이 숫자들의 나열을 '피보나치 수열'이라고 해요. 피보나치는 이 수열에서 앞에 있는 두 수를 합하면 바로 다음 수가 된다는 점을 강조했지요.

## 피보나치 수열과 황금비

피보나치 수열의 특별한 속성은 많은 수학자들의 관심과 연구 대상이 되었어요. 그중에서도 특히 독일의 수학자 요하네스 케플러는 피보나치 수열을 무한대로 나열하면 흥미로운 일이 벌어진다는 것을 알아냈답니다. 수열이 길어질수록 연속한 두 수의 비가 황금비에 가까워졌던 거예요.

## 황금비

황금비에 대한 관심은 피보나치가 살던 시대보다 훨씬 이전부터 시작되었어요. 기원전 6세기에 피타고라스 혹은 피타고라스 학파가 처음 발견했다고 알려져 있거든요. 황금비는 재미있는 성질을 가지고 있어요. 예를 들어 어떤 직사각형의 두 변이 황금비를 이루고 있다고 생각해 볼게요. 그러면 그 직사각형으로 만들 수 있는 가장 큰 정사각형을 잘라 내고 남은 직사각형의 두 변도 황금비를 이룬답니다. 처음 직사각형의 두 변 길이를 각각 1과 r이라고 하면 남은 직사각형의 두 변은 각각 1과 (r-1)이 되겠지요? 이때 r/1과 1/(r-1)의 값이 같아서 r(r-1)=1 또는 $r^2-r-1=0$이라는 방정식이 성립되고요. 황금비 또는 '황금 분할'은 바로 이 방정식의 해랍니다. 그 값은 보통 그리스 문자 φ(피)로 적는데 계산해 보면 $(1+\sqrt{5})/2$, 즉 대략 1.618이 나오지요.

레오나르도 다빈치가 그린 《신성한 비례》의 삽화

# 데카르트 : 수학으로 세상을 분석하다

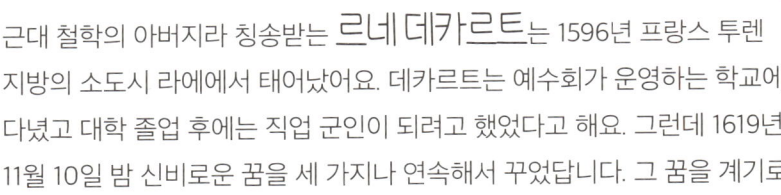

### 꿈이 바꾼 인생

근대 철학의 아버지라 칭송받는 **르네 데카르트**는 1596년 프랑스 투렌 지방의 소도시 라에에서 태어났어요. 데카르트는 예수회가 운영하는 학교에 다녔고 대학 졸업 후에는 직업 군인이 되려고 했었다고 해요. 그런데 1619년 11월 10일 밤 신비로운 꿈을 세 가지나 연속해서 꾸었답니다. 그 꿈을 계기로 철학과 과학의 연구에 일생을 바치기로 결심했다고 해요.

### 해석 기하학

데카르트는 수학 분야에서 먼저 뛰어난 재능을 내보였어요. **해석 기하학**이라는 것을 처음으로 만들어 낸 것이지요. 해석 기하학은 '데카르트 좌표'라고 불리는 좌표계를 이용해 도형을 나타내고 그 관계를 여러 가지 수학적 기법들로 연구하는 학문이에요. 쉽게 말해 방정식의 형태로 도형을 설명하는 획기적인 방식이지요. 예를 들어 직선은 y=ax+b라는 방정식으로 나타낼 수 있어요. 반지름이 r인 원은 $x^2+y^2=r^2$으로 나타낼 수 있고요. 전해지는 이야기에 따르면 데카르트는 침대에 누워 금이 간 천장을 바라보고 있다가 이 좌표계에 대한 아이디어를 떠올렸다고 해요.

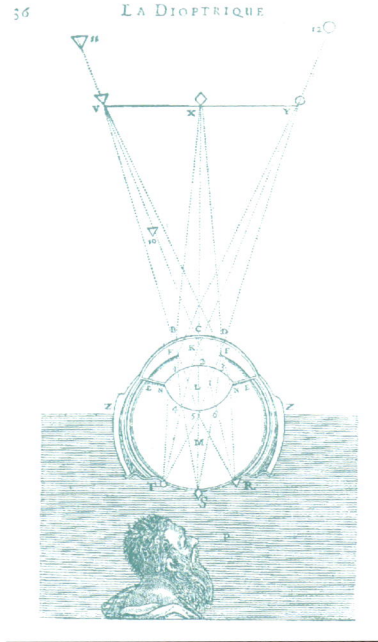

1637년에 데카르트가 그린 눈의 굴절 작용

### 과학을 위한 탐구 자세

데카르트의 책 중 가장 잘 알려진 것은 1637년에 출간된 《방법서설》이에요. 이 책은 원래 《기하학》, 《굴절광학》, 《기상학》과 함께 한 권으로 묶여 출간되었어요. 말하자면 《방법서설》은 이 책들의 서문에 해당한다고 할 수 있지요. 이 글에는 진리를 탐구하는 방법이 잘 담겨 있어요. 그것은 당시 막 시작되었던 과학 혁명을 위한 가르침과도 같았답니다. 데카르트는 고대 학자들의 책에만 의존하는 태도를 비판하고, 그 대신 관찰과 논리적 추론의 중요성을 강조했어요.

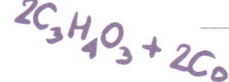

### 광학의 법칙

데카르트는 《굴절광학》이라는 책에서 빛의 성질에 관해 잘못된 가설을 내놓았어요. 하지만 반사나 굴절 등 빛의 다양한 현상을 설명하는 법칙을 제시하기도 했답니다. 눈의 구조와 작용에 대한 내용도 실려 있고요.

# 수학의 발견과 발명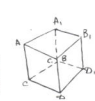

스웨덴의 크리스티나 여왕에게 기하학을 가르쳐 주고 있는 데카르트(테이블의 오른쪽)

### 생물이 기계처럼 작동한다고?

데카르트는 자연을 이성적으로 연구하는 자신의 방법론을 생물학에도 적용해 이른바 **동물 기계론**을 내놓았어요. 생물도 마치 시계처럼 정확하게 움직이는 기계와 같이 작동한다고 본 것이지요. 이와 같은 기계론적 생리학의 이론에 따르면 생물은 물의 힘을 전달받아 움직이는 수력 기관처럼 작동한다고 해요. 아주 예민한 '정기'가 뇌에서부터 신경을 통해 전달되면 신체의 각 근육이 움직이게 되는 것이지요. 이 작용이 반대로 이루어지면 감각이 신경을 통해 뇌로 전해지는 것이고요.

$$\sin\frac{A}{2} = \sqrt{\frac{1-\cos A}{2}}$$

### 육체와 영혼

데카르트는 인간도 동물처럼 기계적으로 작동하는 육체를 가지고 있다고 보았어요. 하지만 영원히 사라지지 않는 **영혼**을 가지고 있다는 점에서 동물들과 차이가 난다고 생각했지요. 그는 영혼이 뇌에 있는 솔방울 모양의 내분비 기관인 송과선을 통해 육체와 '연결되어' 있다고 생각했답니다. 그런데 왜 하필 '송과선'이었을까요? 그 이유는 좌우 대칭으로 된 뇌에서 오직 송과선만 대칭을 이루지 않기 때문이었어요. 영혼처럼 하나로 통일되어 있는 존재가 좌우로 갈라져 있을 수는 없다고 생각했던 거예요.

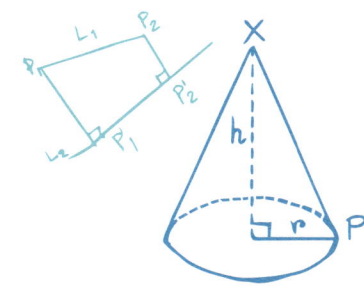

### 해석 기하학의 아버지는 누구?

해석 기하학을 처음 만든 사람이 누구인지에 대해서는 사실 의견이 엇갈리고 있어요. 데카르트와 같은 시대에 살았던 프랑스의 학자 피에르 드 페르마도 비슷한 시기에 같은 생각을 내놓았거든요. 물론 페르마는 데카르트와 관계없이 혼자서 그 개념을 떠올렸지요. 페르마는 1636년에 쓴 책에서 쌍곡선이나 원 같은 도형의 성질을 나타낼 수 있는 방정식을 연구했어요. 이는 데카르트의 《기하학》이 나오기 1년 전의 일이었지요. 하지만 안타깝게도 페르마의 책은 그가 죽은 후에야 출간되었답니다.

# 소수에 숨어 있는 비밀

### 소수

소수(素數)는 1과 그 수 자신으로만 나누어 떨어지는 자연수를 말해요. 간단해 보이지요? 하지만 오랫동안 내로라하는 천재들이 바로 이 소수를 두고 골머리를 앓았답니다. 2, 3, 5, 7, 11, 13, 17, 19, 23, 29, 31 같은 작은 단위의 소수들은 찾기가 쉬워요. 하지만 수가 커질수록 문제가 복잡해지거든요!

### 유클리드와 소수

고대 그리스의 수학자 유클리드가 기원전 3세기에 쓴 《원론》에는 산술의 기본 정리가 담겨 있어요. '산술'은 수의 개념이나 수를 계산하는 방법과 법칙 등을 말해요. 예를 들어 1보다 큰 모든 정수는 소수의 곱으로 표현할 수 있지요. 이렇게 정수를 소수의 곱으로 표현하는 것을 '소인수 분해'라고 해요. 각각의 정수를 소인수 분해로 표현할 수 있는 방법은 한 가지씩만 존재하고요. 소수는 더 이상 나누어질 수 없는 수이기 때문에 수학의 '원자'라고 볼 수 있어요. 이 소수라는 '원자'를 이용하면 어떤 정수든 만들어 낼 수 있답니다.

### 유클리드의 증명

유클리드는 소수의 개수가 무한히 많다는 것을 증명했어요. 예를 들어 소수가 a, b, c 세 개만 있다고 가정해 볼까요? 이때 a×b×c+1이라는 수는 a, b, c 세 소수 중 어떤 수로도 나누어질 수 없겠지요. 자기 자신 말고는 말이에요. 새로운 소수가 만들어진 거예요! 그런데 유클리드는 《원론》에서 1보다 큰 모든 정수는 소수의 곱으로 표현할 수 있다고 했잖아요. 그렇다면 a×b×c+1이라는 수를 나눌 수 있는 또 다른 소수가 존재해야 해요! 그러므로 처음에 a, b, c 세 개의 소수만 존재한다고 했던 가정은 거짓이 될 수밖에 없어요. 이러한 논리는 소수 전체에 적용할 수 있어요. 새로운 소수가 추가될 때마다 매번 또 다른 소수가 필요할 것이고, 이런 식으로 소수의 개수는 끝없이 계속 늘어나겠지요. 유클리드는 이렇게 소수가 무한하다는 사실은 밝혀냈지만 소수를 만드는 공식은 내놓지 못했답니다.

### 편견을 깬 증명

유클리드가 증명한 소수의 무한성은 사실 사람들의 일반적인 생각을 무너뜨린 대단한 업적이랍니다. 어떤 정수를 나누어 떨어지게 하는 0이 아닌 정수를 약수라고 해요. 일반적인 생각으로는 수가 커질수록 약수를 가질 확률이 커지겠지요. 2는 소수니까 약수가 1과 2뿐인데 그보다 큰 10의 약수는 1, 2, 5, 10 이렇게 네 개나 되니까요. 그러면 약수가 1과 자기 자신밖에 없는 소수는 언젠가 더 이상 나오지 않을 것이라고 생각하기 쉽잖아요. 유클리드는 그 생각이 틀렸다는 것을 증명한 거예요!

# 수학의 발견과 발명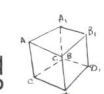

### 소수를 만드는 공식

수학의 역사상 지금까지 두 명의 수학자가 소수의 수열을 만드는 공식을 내놓았답니다. 그중 한 명은 17세기에 살았던 프랑스의 수학자 마랭 메르센이에요. 그는 $2n-1$로 만든 수는 모두 소수가 된다고 보았어요. 여기에서 n은 소수예요. 하지만 이 공식은 n이 2, 3, 5, 7일 때는 성립했지만 11일 때는 통하지 않았어요. 같은 시기에 피에르 드 페르마가 내놓은 $2^{2^n}+1$이라는 공식 역시 마찬가지였답니다. 여기서 n은 정수이고, n이 0에서 4 사이일 때는 소수가 나왔지만 5일 때는 나오지 않았거든요. 현재까지 이 페르마의 공식을 통해 소수로 확인된 것은 '페르마 소수'로 불리는 다섯 숫자, 즉 3, 5, 17, 257, 65537 밖에 없어요. 따라서 메르센도 페르마도 모든 소수를 찾아낼 수 있는 '마법의 공식'은 발견하지 못한 것이지요.

### 영화 속의 소수

소수의 매력은 수학 이외의 분야에서도 빛을 발해요. 예를 들어 미국의 영화 감독 빈센조 나탈리가 1997년에 만든 영화 〈큐브〉에서는 소수가 스토리 전개에 중요한 역할을 하는 소재로 등장한답니다.

### 약간의 규칙

소수를 차례로 나열해 보면(수열) 아무런 규칙 없이 제멋대로인 것처럼 보여요. 하지만 사실 규칙이 아예 없는 것은 아니랍니다. 예를 들어 1로 끝나는 소수 다음에는 2나 9로 끝나는 소수보다 3이나 7로 끝나는 소수가 올 확률이 크거든요. 2, 3, 5, 7, 11, 13, 19, 23, 29, 31, 37, 41, 43, 47이 모두 소수인데요, 정말 그런지 한번 확인해 보세요.

### 김프스 프로젝트

이제는 컴퓨터를 이용해 소수를 찾고 있어요. 1996년부터 특별히 개발된 소프트웨어를 이용해 마랭 메르센의 공식에 따라 '메르센 소수'를 찾는 '김프스(GIMPS, Great Internet Mersenne Prime Search) 프로젝트'가 진행 중이거든요. 현재까지 이 프로젝트를 통해 발견된 가장 큰 소수는 $2^{74207281}-1$이에요. 2016년 미국의 수학자 커티스 쿠퍼와 그 연구진이 찾아냈지요. 십진법으로 따지면 무려 2200만 자리가 넘는 어마어마한 숫자랍니다!

빈센조 나탈리 감독의 〈큐브〉에서 등장인물들은 수많은 방으로 이루어진 밀폐된 공간에서 탈출을 시도하던 중, 방에 새겨진 숫자가 소수인지 아닌지가 방의 안전 여부를 말해 주는 단서임을 깨닫게 된다.

# 파스칼 : 진공의 존재를 밝히다

### 남다른 성장 환경

블레즈 파스칼은 1623년 프랑스에서 태어났어요. 아버지 에티엔 파스칼은 세무 공무원이었고 과학과 수학을 좋아했지요. 마랭 메르센이 이끄는 학자들의 모임인 '메르센 아카데미'의 회원이기도 했고요. 에티엔 파스칼은 같은 시대를 살던 뛰어난 지식인들과 편지를 교환하며 친분을 쌓았어요. 그중에는 프랑스의 철학자 데카르트, 네덜란드의 물리학자 하위헌스, 프랑스의 물리학자 가상디 같은 유명한 인물들도 포함되어 있었답니다. 이런 아버지 밑에서 파스칼은 학자로서의 소양을 갖추었어요. 아버지 덕분에 겨우 열두 살의 나이에 당대 유명 학자들의 모임에 들어갔는데, 어린 나이에도 불구하고 어른 못지않은 지식과 생각으로 주위 사람들을 놀라게 했다고 해요.

### 놀라운 신동!

파스칼은 겨우 열한 살에 〈음향에 대하여〉라는 논문을 쓸 정도로 신동이었어요. 파스칼의 아버지는 아들이 라틴어와 그리스어 같은 고전어문학 공부를 소홀히 할까 봐 일부러 열다섯 살이 될 때까지는 수학 공부를 못하게 했어요. 파스칼은 그 금지령이 풀리자마자 곧바로 열여섯 살에 기하학 논문을 발표했답니다!

### 파스칼의 내기

파스칼은 종교 철학자이기도 했어요. 《팡세》라는 책에 쓴 신의 존재에 대한 내기로 유명하지요. 파스칼은 만약 신이 존재하는지 그렇지 않은지 내기를 한다면 '존재한다'는 쪽에 거는 편이 낫다고 했어요. 왜냐하면 신에게 걸어서 이긴다면 모든 것을 얻을 테니까요. 지더라도 잃는 건 아무것도 없고 말이지요.

### 최초의 계산기

파스칼은 열아홉 살에 최초의 계산기를 발명했어요. 세무 공무원으로서 계산할 일이 많았던 아버지를 돕기 위해 3년 동안 계획해서 마침내 완성한 것이었지요. 이 계산기는 '산술 기계' 또는 '파스칼의 톱니바퀴'라고 불리다가 나중에는 '파스칼린'으로 불렸어요. 덧셈과 뺄셈을 빠르게 할 수 있도록 도와주는 기기였답니다.

파스칼이 발명한 최초의 계산기 '파스칼린'

### 공기와 진공

1646년 파스칼은 이탈리아의 물리학자이자 수학자인 에반젤리스타 토리첼리의 기압계와 진공에 관한 연구에 관심을 갖게 되었어요. 그래서 토리첼리의 실험을 직접 해 보면서 연구를 시작했답니다. 그리고 1647년 그 결과를 《진공에 관한 새로운 실험》이라는 책으로 발표했지요. 당시 가톨릭 교회나 데카르트 같은 일부 과학자들은 진공의 존재를 인정하지 않았어요. 하지만 파스칼은 진공이 실제로 존재한다는 사실을 믿었지요. 공기의 무게, 즉 대기압의 존재도 믿었고요.

# 수학의 발견과 발명

### 기압계를 들고 산으로

파스칼은 고도가 높아질수록 기압은 낮아진다는 토리첼리의 가설을 실험으로 검증해 보기로 했어요. 그래서 1648년 9월 19일 처남 플로랭 페리에에게 **기압계**를 들고 프랑스 중부 퓌드돔 산 정상으로 올라가 기압을 측정하게 했답니다. 당시의 기압계는 수은이 꽉 찬 유리 기둥을 거꾸로 세운 모양이었어요. 산 정상에서 기압이 내려가자 기둥 속 수은의 높이도 함께 내려갔고 기둥 위쪽에는 아무것도 없는 빈 공간, 즉 진공이 생겨났지요. 이를 통해 파스칼은 대기압과 진공이 실제로 존재한다는 결론을 이끌어 냈답니다.

> **나를 두렵게 한다**
>
> 일부 사람들은 자연이 빈 공간을 싫어한다고 주장했지만, 파스칼은 그 주장이 사실이 아니라는 것을 밝혀냈어요. 하지만 진공이라는 텅 빈 공간을 그리 좋아하지는 않았던 것 같아요. 자신의 책 《팡세》에서 이런 유명한 말을 남겼거든요.
> "이 무한한 공간의 영원한 침묵이 나를 두렵게 한다."

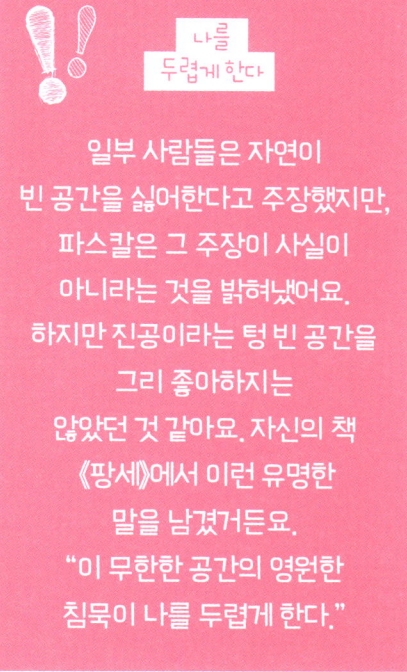

1663년 출간된 《액체의 평형에 관하여》에 실린 삽화

### 파스칼의 원리

파스칼은 〈액체의 평형에 관하여〉와 〈공기의 무게에 관하여〉라는 두 권의 논문을 발표하면서 물리학 중에서도 **유체 역학** 분야에서 큰 활약을 했어요. 유체 역학은 공기나 물처럼 흐를 수 있는 물질을 일컫는 유체, 즉 기체와 액체 등의 움직임을 다루는 분야예요. 파스칼은 특히 '파스칼의 원리'를 알아낸 것으로 유명하지요. 밀폐된 용기에 담긴 안정된 상태의 액체가 있다고 생각해 볼까요? 만약 그 액체의 어느 한 지점에 압력을 가하면 그 압력이 액체의 모든 지점에 같은 크기로 전달된다는 것이 바로 파스칼의 원리예요. 이외에 깊이에 따른 액체의 압력을 예측할 수 있는 법칙을 이용해 수압기의 원리도 고안했답니다. 실제로 이 원리를 적용한 수압기는 18세기 말에 이르러서야 개발이 되었지만요.

### 인생을 바꾼 마차 사고

$$\cos \frac{A}{2} = \pm \sqrt{\frac{1+\cos A}{2}}$$

파스칼은 1654년에 목숨이 위태로울 정도의 큰 **사고**를 당했어요. 마차를 타고 다리를 건너던 도중 말의 고삐가 풀려 물에 내동댕이쳐진 것이지요. 그날 밤 파스칼은 마치 신의 계시와 같은 신비한 체험을 했다고 해요. 이 일은 파스칼의 인생을 크게 바꾸어 놓았어요. 남은 생을 종교에 바치기로 마음먹은 것이지요! 이때부터 파스칼은 과학과 수학에 대한 연구는 뒷전으로 미루고 신학에 몰두했어요. 그리고 1662년 겨우 39세의 나이로 세상을 떠나고 말았답니다.

# 수학의 틀에 갇힌 우연, **확률**

### 드 메레의 문제

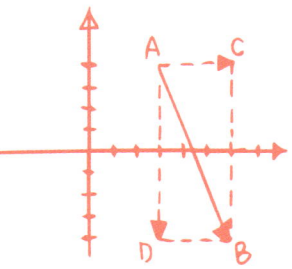

드 메레라는 이름으로도 잘 알려져 있는 프랑스의 작가 앙투안 공보는 도박을 좋아했어요. 그는 1654년에 파스칼에게 도박과 관련된 문제 하나를 풀어 달라고 부탁했답니다. 두 사람이 다섯 판 중 세 판을 이기면 판돈을 가져가기로 하고 게임을 시작했는데 도중에 어쩔 수 없는 이유로 게임을 중단하게 되었어요. 그렇다면 이때 판돈을 어떻게 나누어야 공정할까 하는 문제를 해결해 달라는 것이었지요. 확률에 대한 연구는 '드 메레의 문제'라고 불리는 바로 이 문제에 대한 파스칼의 답에서 시작되었답니다.

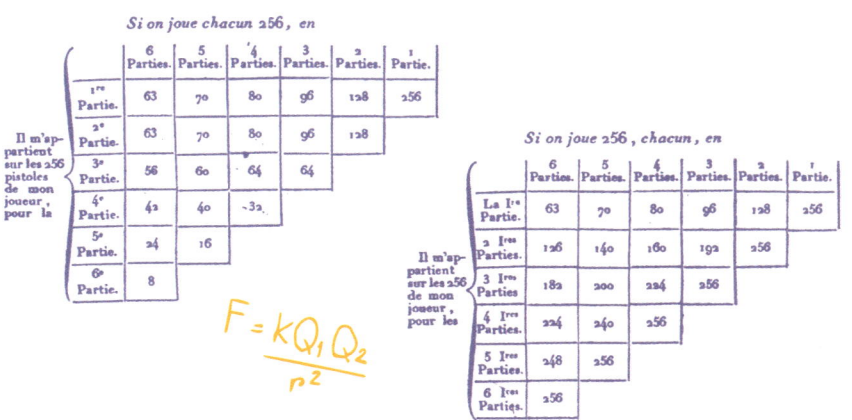

### 확률과 도박

확률을 다룬 최초의 책들은 모두 **도박**에 관한 것이었어요. 예를 들면 1564년 이탈리아의 수학자 지롤라모 카르다노가 펴낸 도박의 속임수에 관한 책이 있지요. 이탈리아의 수학자 타르탈리아는 1156년에, 갈릴레이는 1612년에 각각 주사위 놀이에 관한 책을 내놓았는데 여기서도 확률이 언급되고요. 네덜란드의 물리학자 크리스티안 하위헌스가 1655년에 펴낸 《도박에서의 확률 계산》이라는 책은 확률이 수학의 새로운 한 분야라는 것을 알리는 계기가 되기도 했답니다.

---

###  게임 이론

게임 이론은 게임 상황에서 이익과 손해가 발생하는 현상을 수학적으로 따져 보기 위한 거예요. 우연한 일로 인해 이득과 손해가 결정되는 상황을 게임 이론으로 분석해 볼 수 있답니다. 게임의 규칙이나 카드의 개수 등 이미 알려져 있는 확률과 상대의 실력이나 게임에 참여한 사람들의 직감 등 알려지지 않은 확률을 바탕으로 어떤 결정을 해야 유리할지 예측해 보는 것이지요.

### 브라운 운동과 원자

영국의 식물학자 로버트 브라운은 1827년 재미있는 현상을 발견했어요. 꽃가루 같은 매우 작은 물체를 물에 띄웠더니 규칙적이지 않은 움직임을 보였던 거예요. 이 현상은 그의 이름을 따 '브라운 운동'이라고 불린답니다. 브라운 운동은 불규칙적으로 일어나는 오류나 혼란을 설명하는 이론을 만드는 데 활용되었어요. 1905년 아인슈타인은 이 브라운 현상의 원인이 물 분자의 움직임 때문이라는 내용을 담은 논문을 발표했지요. 이를 통해 원자가 존재한다는 사실을 증명할 수 있었답니다.

## 수학의 발견과 발명

$$\frac{P(x)}{Q(x)} = G(x) + \frac{R(x)}{Q(x)}$$

### 확률에 쓰이는 다양한 법칙들

확률의 계산에는 수학의 여러 법칙들이 쓰인답니다.
1738년 스위스의 수학자이자 과학자인 장 베르누이는 유체(공기나 물처럼 흐를 수 있는 기체나 액체)가 빠르게 흐르면 압력이 감소하고 느리게 흐르면 압력이 증가한다는 법칙을 알아냈어요. 이 원리를 '베르누이의 정리'라고 하지요.
이 정리는 둘 중 하나를 고르는 문제의 확률을 계산하는 데 쓰이고, 특히 여론 조사에 많이 활용된답니다. 1763년 영국의 수학자인 토머스 베이즈는 확률에 '조건'이라는 개념을 더한 '베이즈의 정리'를 선보였어요. 베이즈의 정리는 이전의 경험과 현재의 증거를 토대로 어떤 사건의 확률을 추측하는 것으로, 건강 검진 결과를 평가하거나 스팸 메일을 걸러내는 데 쓰이고 있답니다. 그리고 1838년 프랑스의 수학자 시메옹 드니 푸아송이 발표한 열역학 방정식인 '푸아송의 법칙'은 정해진 기간 안에 불량품이나 위험한 사고 등이 발생할 확률을 계산하는 데 활용되지요.

$$S = \frac{2\pi mv \cos\theta}{qB}$$

### 혼돈은 예측할 수 없다!

19세기 말 프랑스의 수학자 앙리 푸앵카레의 연구를 바탕으로 시작된 이론이 있어요. 바로 **카오스 이론**이에요. 우리말로 '혼돈 이론'이라고도 하지요. 이 카오스 이론은 1972년 '나비 효과'라는 말과 함께 미디어를 통해 널리 알려지게 된답니다. 카오스 이론에서 말하는 나비 효과란 어떤 일의 초기에 일어난 일이 길게 보면 예측할 수 없는 결과를 가져올 수도 있다는 것을 의미해요. 나비의 날갯짓에서 일어난 작은 바람이 커다란 폭풍을 몰고 올 수도 있다는 말이지요. 예를 들어 폭풍우는 예측할 수 있어도 번개가 언제 칠지는 예측할 수 없고, 빙하가 녹는 양이나 비의 강수량은 측정할 수 있지만 그로 인해 강의 높이가 어떻게 변할지는 알 수가 없지요. 바이러스가 퍼지는 속도나 연의 꼬리가 움직이는 모습도 마찬가지랍니다.

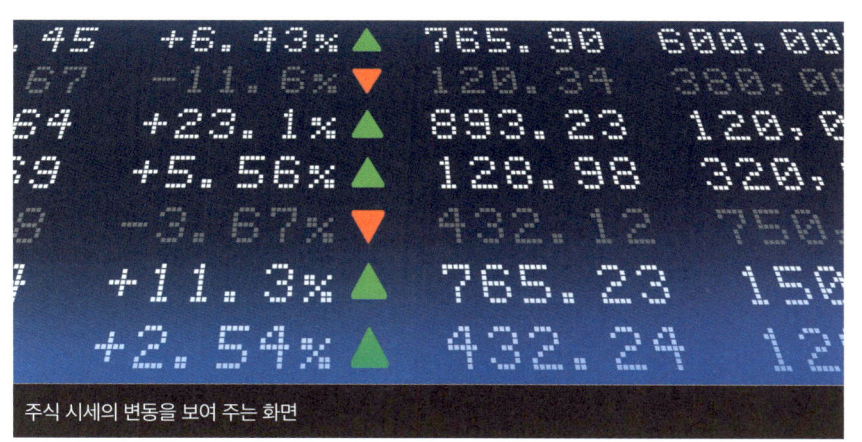

주식 시세의 변동을 보여 주는 화면

### 통계 분석과 주식 거래

주식의 가격은 회사의 가치에 따라 수시로 변해요. 이런 주가의 변동을 이용해 사람들은 주식을 사고팔아 이익을 얻으려고 하지요. 아주 짧은 시간에 주식을 자주 사고팔아 수익을 올리는 것을 '초단타 매매'라고 해요. 이때 활용되는 것이 바로 통계 분석이랍니다. 슈퍼컴퓨터의 알고리즘에 의해 자동으로 1초에 수백 번에서 수천 번까지도 거래가 되지요. 하지만 이런 거래 방식은 주식 시장 전체를 불안정하게 만드는 문제가 있어요. 그래서 미국의 증권 거래소는 2016년 6월 초단타 매매를 규제하려고 주식 매매 속도를 늦추는 방안을 내놓기도 했답니다.

# 과학사의 10대 공식

피타고라스

$a^2 + b^2 = c^2$

**1.** 이것이 바로 그 유명한 피타고라스의 정리예요! 직각삼각형의 세 변, 즉 한 빗변(c)과 다른 두 변(a, b) 사이의 관계를 나타낸 공식이지요. 수학을 싫어하는 사람들에게는 두통을 일으키는 주문일 수도 있고요.

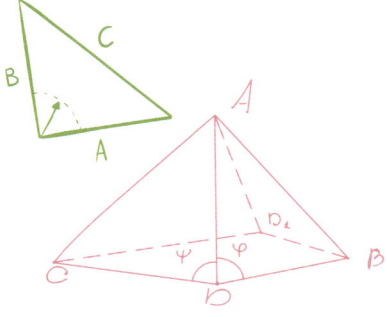

$E = mc^2$

**2.** 모든 공식의 왕이라 불리는 공식이에요. 단순하면서도 혁신적인 내용을 담고 있기 때문이지요. 1905년 아인슈타인이 내놓은 이 공식에서 m은 물질의 질량을, E는 에너지를 뜻해요. 즉 질량과 에너지가 사실상 동등하며 서로 교환될 수 있음을 보여 주지요. 현대 과학의 상징과도 같은 이 공식은 당시 물리학에서 일반적으로 여기던 물질과 에너지의 경계를 완전히 허물어 버렸어요. 이 공식에 의하면 질량을 가진 물체라면 그만큼 에너지로 변환될 수 있어요. 즉 작은 질량이라도 어마어마한 양의 에너지로 바뀔 수 있다는 뜻이랍니다!

$F = ma$

**3.** 뉴턴의 세 가지 운동 법칙 중 제2법칙인 가속도의 법칙을 나타내는 공식이에요. 여기서 F는 힘(force), m은 질량(mass), a는 가속도(acceleration)를 말해요. 뉴턴의 제1법칙은 관성의 법칙, 제3법칙은 작용과 반작용의 법칙이고요.

$\delta^2 u / \delta t^2 = c^2 (\delta^2 u / \delta x^2)$

**6.** 1746년 프랑스의 수학자 장 르 롱 달랑베르가 내놓은 파동 방정식이에요. 현악기의 줄이 진동하는 모습을 자세히 관찰해 만들었다고 해요. 지진파, 광파, 음파 등 모든 파동 현상에 적용할 수 있답니다.

$F = GmM/d^2$

**4.** 뉴턴의 만유인력의 법칙을 나타내는 공식이에요. 두 물체 사이에는 그 물체의 질량(m과 M)의 곱에 비례하고 거리(d)의 제곱에 반비례하는 인력이 작용한다는 뜻이지요. 여기서 G는 만유인력을 나타내는 상수예요. 뉴턴에게 경의를 표하는 뜻에서 그의 이름에서 딴 N을 힘의 단위로 쓴답니다.

$2H_2 + O_2 \rightarrow 2H_2O$

**5.** 수소(H)와 산소(O)가 결합해 물이 만들어지는 것을 보여 주는 공식이에요. 프랑스의 화학자 라부아지에는 실험을 통해 물이 하나의 원소로 이루어진 것이 아니라 두 기체의 화합물이라는 사실을 확인했어요. 자신이 주장했던 화학 이론을 증명해 낸 것이지요.

# 수학의 발견과 발명

### $V=IR$

**7.** 전압(V)과 전류(I), 저항(R) 사이의 관계를 나타내는 옴의 법칙이에요. 1827년 독일의 게오르크 시몬 옴이 《수학적으로 분석한 갈바니 회로》라는 책에서 소개했지요. 아주 간단한 형태의 공식이지만, 전기가 일반 가정에 보급된 이후 우리의 일상생활에 가장 널리 쓰이는 법칙 중 하나랍니다. 그런데 옴은 이 법칙 때문에 교사직에서 쫓겨나고 말아요. 당시에는 전압과 전류가 서로 다르다고 여겼고, 이런 상식에서 벗어난 '비정상적인 사람'은 과학을 가르칠 자격이 없다는 것이 그 이유였어요. 하지만 현재 옴은 당시의 설움을 깨끗이 날려 버린 상태랍니다. 학생들이 물리학에서 제일 먼저 배우는 법칙 중 하나가 바로 옴의 법칙이거든요!

### $i^2 = -1$

**8.** 어떤 수를 제곱했을 때 음수가 나오는 이 방정식이 별로 놀라워 보이지 않는다고요? 그렇다면 아마 수학의 가장 기본적인 규칙 하나를 잊었기 때문일 거예요. 같은 수를 곱하면 언제나 양수가 된다는 규칙 말이에요. 이 방정식은 바로 그 규칙의 유일한 예외랍니다! 'i'는 제곱해서 -1이 되는 수를 정의하기 위해 만들어진 가상의 수, 즉 허수를 나타내요. 그래서 '허수 단위'라고 불리고요. 허수가 현실에 없는 상상의 수라면 실제로 존재하는 수는 실수라고 해요. 복소수는 실수와 허수의 합으로 이루어지는 수인데, 이때 허수는 i에 정수를 곱한 모양으로 나타내요(예를 들어 실수 a, b에 대해 복소수는 a+bi의 꼴로 나타냄). 복소수의 개념은 16세기에 처음 등장했지만, i를 이용한 표기법은 18세기에 스위스의 수학자 레온하르트 오일러가 처음 사용했답니다.

### $dS \geq 0$

**9.** 이 부등식은 간단해 보이지만 아주 많은 내용을 담고 있답니다. 1873년 오스트리아의 물리학자 루트비히 볼츠만이 확률적으로 해석한 열역학 제2법칙을 나타낸 부등식이거든요! 열역학은 열을 에너지의 한 형태로 보고 그 흐름이나 관계된 현상 등을 연구하는 물리학의 한 분야예요. 열역학 제1법칙은 에너지가 보존된다는 것이지요. 그리고 제2법칙은 열역학적으로 볼 때 고립된 세계에서는 에너지의 무질서함이 계속 증가하기만 할 수 있다는 법칙이고요. 자연에서 에너지의 흐름은 되돌릴 수가 없어요. 그래서 어딘가에서 에너지 교환이 일어날 때마다 전체적으로 무질서가 증가할 수밖에 없다는 뜻이랍니다.

게오르크 시몬 옴

### $xt+1 = kxt(1-xt)$

**10.** 이 공식은 영국의 생물학자 로버트 메이가 1976년에 내놓았어요. 한정된 자원 등의 여러 조건에 따라 생물들이 세대를 거치며 어떻게 변하는지를 보여 주지요. 이 공식에서 k는 한곳에서 생활하는 같은 종의 생물 집단, 즉 개체군을 나타내는 변수랍니다. 이 공식은 카오스 이론과도 관계가 있어요. k에 특정한 값이 대입되면 개체군은 처음의 아주 작은 차이만으로도 나중에 아주 다른 모습으로 변화할 수 있거든요.

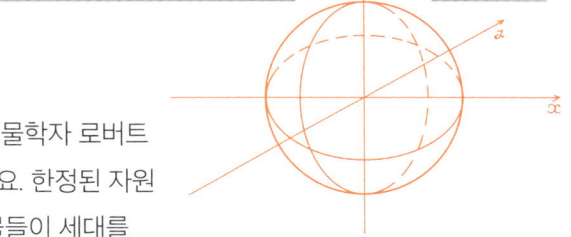

# 통계와 그것이 말해 주는 것

### 통계 검정

어떤 가설을 검사해서 결정(검정)할 때 표본이 되는 집단의 자료에 바탕을 두고 통계적인 방법을 이용하는 것을 **통계 검정**이라고 해요.
주어진 자료를 집단 전체에 적용해도 되는지, 그 자료에서 이끌어 낸 백분율이나 평균, 상관관계 등이 의미 있다고 볼 수 있는지 하는 것들을 수학적 계산으로 확인하는 것이지요. 주어진 자료의 유형에 따라 카이제곱 검정, t-검정, 비율 비교 검정 등 다양한 방법을 적용할 수 있답니다.

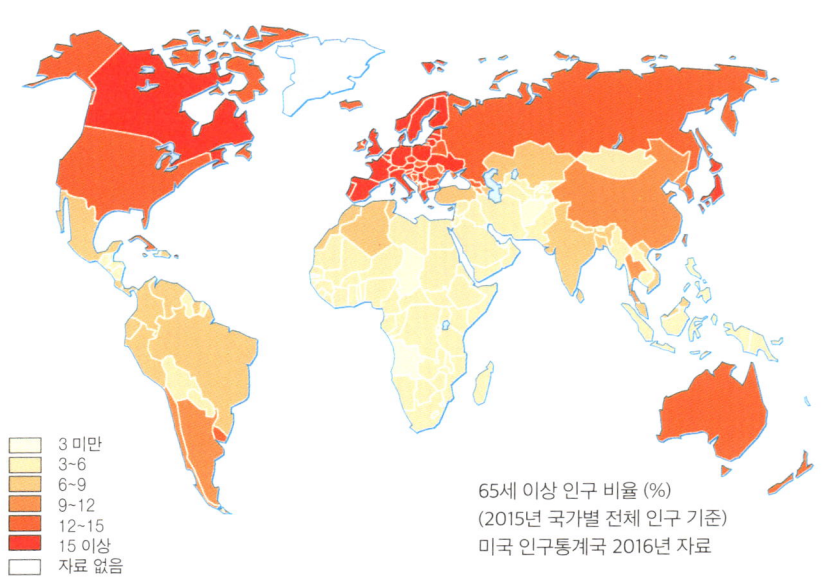

65세 이상 인구 비율 (%)
(2015년 국가별 전체 인구 기준)
미국 인구통계국 2016년 자료

- 3 미만
- 3~6
- 6~9
- 9~12
- 12~15
- 15 이상
- 자료 없음

### 표본을 정할 때는 신뢰에 바탕을 두고 정확하게!

통계 조사는 집단 전체가 아니라 일부를 가려 뽑은 **표본** 집단을 대상으로 이루어져요. 따라서 그 결과를 일반화해서 전체에 적용할 수 있으려면 신뢰할 수 있고 정확한 표본을 가려 내야 하지요. 이 작업에 수학이 이용된답니다. 수학을 이용하면 허용된 오차 범위 안에서 정확한 결과를 얻는 데 필요한 표본의 최소 크기를 알 수 있거든요. 어떤 특정한 값에서 발생할 수 있는 모든 오류를 오차 범위라고 하는데, 이 오차 범위는 작을수록 좋겠지요. 예를 들어 프랑스에서 인구와 관련된 통계 연구를 한다고 생각해 볼까요?
이때 오차 범위 5퍼센트, 신뢰 수준 95퍼센트에 이르는 믿을 만한 결과를 얻기 위해서는 최소 385명을 대상으로 조사해야 한답니다.

### 인구 통계 자료는 어디에 쓰일까?

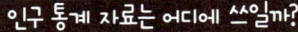

**인구 통계** 자료는 평균 수명, 신생아 수, 거주 유형, 전염병의 확산 등과 같은 인구 구조의 변화를 연구하는 데 쓰인답니다. 국가는 이 자료를 바탕으로 교육, 교통 등에 필요한 예산을 정하지요. 지역별, 개인별, 직업별 지원금을 계산하기도 하고요. 생산, 보건 등의 분야에서 실시 중인 정책들이 효율적인가 살피기도 한답니다. 인구 조사의 규모가 클수록, 즉 더 많은 사람을 표본으로 할수록 더 정확한 자료를 얻을 수 있지요.

### 민감성과 특이성

어떤 지역이나 집단에서 발생하는 질병의 원인이나 변동 상태를 연구하는 학문을 역학(疫學)이라고 해요. 역학에서 건강과 질병에 영향을 미치는 원인을 연구하려면 의료적인 검사를 정확하게 하는 것이 중요하지요. 질병이 있을 때 있다고(진정 양성) 검출하는 능력을 '민감성'이라고 해요. 질병이 없을 때 없다고(진성 음성) 식별하는 능력을 '특이성'이라고 하고요.

# 수학의 발견과 발명

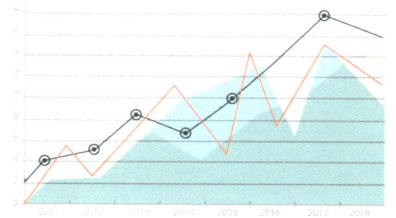

### 같은 용어, 다른 의미

통계에서 사용되는 **용어**들은 가끔 오해를 불러일으키기도 해요. 예를 들어 '평균'이라고 하면 보통은 평균값을 생각하지요. 모든 값의 합을 값의 개수로 나눈 값 말이에요. 하지만 통계에서는 중앙값, 즉 모든 값을 크기 순서로 늘어놓았을 때 한가운데에 위치하는 값을 뜻하기도 해요. 또는 최빈값, 즉 가장 여러 번 나타나는 값을 가리킬 때도 있고요. 따라서 같은 단어라 하더라도 연구에 따라 완전히 다른 값을 나타낼 수도 있답니다.

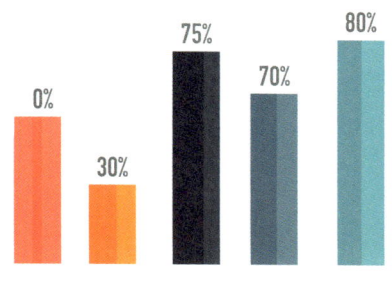

### 일단 의심하라!

2016년에 밝혀진 사실로는 연구나 범죄 수사 결과가 너무 완벽하다 싶었을 때는 대체로 거짓 자료에 근거한 것이었다고 해요! 여러 사람의 의견이 하나로 통일되기란 쉽지가 않아요. 그래서 오히려 의견이 완벽히 통일될수록 그 결과에 대한 신뢰도가 떨어질 수 있지요. 그러니 자료를 볼 때는 혹시 그 과정에 무슨 문제가 있지는 않았나 일단 의심해 볼 필요가 있어요. 이것을 '만장일치의 역설'이라고 한답니다.

### 상관관계와 인과관계

통계 결과를 해석할 때 가끔 **상관관계**와 **인과관계**를 착각해서 잘못된 결론을 내리기도 한답니다. 통계 수치를 그래프로 나타냈을 때 비슷한 곡선을 그리는 두 사건이 있다면 그것은 둘 사이에 '상관'이 있다는 것을 보여 줄 뿐이에요. 어느 한 사건이 다른 사건의 '원인'이나 '결과'가 되는 것이 아니라요. 예를 들어 어떤 사람이 평생 먹은 생일 케이크의 개수와 사망 위험성을 조사해서 그래프로 나타냈다고 생각해 볼까요? 둘 사이에는 분명 상관관계가 있을 거예요. 생일 케이크를 많이 먹은 사람일수록 사망 위험성이 높아졌을 테니까요. 하지만 그렇다고 해서 생일 케이크가 사망 위험성을 높인 원인이라고 보는 것은 옳지 않아요. 두 사건과 관련된 다른 원인을 찾아봐야 하지요.
이 경우는 '나이'가 그 원인일 수도 있어요. 생일 케이크를 많이 먹었다는 것은 그만큼 나이도 같이 먹었다는 뜻이니까요.

# 현기증을 불러일으키는 **무한대**

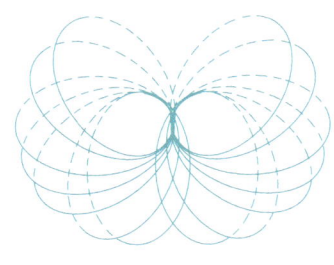

### 무한대의 기호

무한대를 나타내는 기호 '∞'는 영국의 수학자 **존 월리스**가 1656년에 출간한 책 《무한소산술》에서 처음 사용했어요.

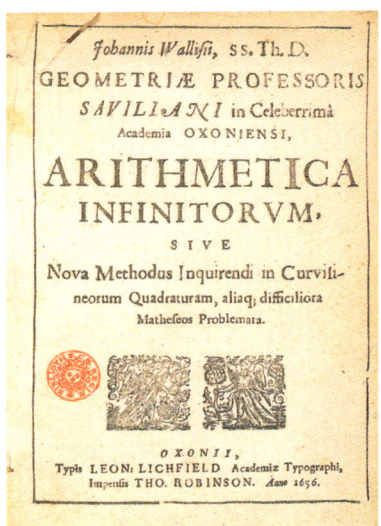

### 무한대에도 종류가 있다!

'무한대'는 한없이 크다는 뜻이에요. 수학에서는 주어진 수보다 큰 수를 말하고요. 어떤 수보다 큰 수가 몇 개나 있을까요? 수도 없이 많겠죠? '무한대'로요.
독일의 수학자 **게오르크 칸토어**는 이 무한대의 개념을 뒤흔들어 놓았답니다. '집합'의 개념으로 보면 여러 '등급'으로 구분되는 무한히 많은 종류의 무한대가 있다는 것을 보여 주었던 거예요! 예를 들어 일부 무한 집합은 '가산 집합'에 속하지요. 그 집합에 속하는 원소를 자연수 집합의 원소와 일대일로 짝을 지으면서 번호를 매길 수 있다는 뜻이에요. 예를 들어 정수는 자연수보다 두 배 더 많아요. 정수에는 양의 정수와 음의 정수가 있으니까요. 하지만 정수의 집합과 자연수의 집합은 0과 1, -1과 2, 1과 3, -2와 5 하는 식으로 짝을 지을 수 있어요. 따라서 정수의 집합은 가산 집합이지요. 두 정수의 분수 형태로 나타낼 수 있는 수를 유리수라고 해요. 이 유리수의 집합 역시 가산 무한 집합에 속한답니다.

### 크기는 달라도 같은 등급!

가산 **무한 집합**에 관한 연구는 모순이 있어요. 예를 들어 짝수는 자연수보다 두 배 적고, 따라서 짝수 집합의 크기는 자연수 집합의 크기보다 두 배 작다고 할 수 있겠지요. 하지만 짝수의 집합과 자연수의 집합은 각 집합의 원소끼리 무한히 짝을 지을 수 있잖아요! 무한대의 개념으로 생각하면 짝수의 집합과 자연수의 집합은 동일한 가치를 가진다고 할 수 있어요. 두 집합 모두 끝도 없이 계속되니까요. 따라서 두 집합은 같은 무한대 '등급'에 해당하지요. 이처럼 두 집합이 서로 일대일로 짝을 지을 수 있는 경우를 두고 '기수(基數)'가 같다고 한답니다. 기수란 일대일 대응 관계를 가질 때 대응되는 원소의 수를 말해요.

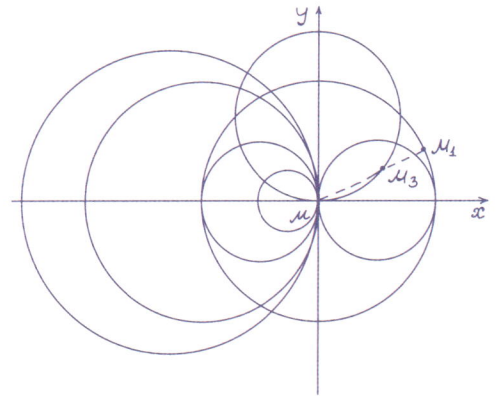

집합론을 창시한 게오르크 칸토어

# 수학의 발견과 발명

### 셀 수 없는 무한대

1891년 칸토어는 또 다른 종류의 무한대를 밝혀냈어요. 실수는 정수나 유리수하고는 달리 자연수의 집합과 일대일로 짝을 짓는 것이 불가능한 비가산 무한 집합이라는 것이었지요. 칸토어는 이 사실을 '대각선 논법'을 이용해 증명했답니다. 소수(小數)는 일의 자리보다 작은 자리의 값을 지닌 수예요. 예를 들면 0.1, 0.23, 4.2, 35.67 같은 수들이지요. 그러면 0과 1 사이의 실수인 일련의 소수들로 이루어진 집합이 있다고 생각해 볼까요? 0.1, 0.01, 0.001…… 같은 수들이 있겠지요. 이때 첫 번째 수에서는 소수 첫째 자리를, 두 번째 수에서는 소수 둘째 자리를 가져오는 식으로 새로운 소수를 만드는 거예요. 이렇게 만든 소수 각각의 자리를 1씩 올리면 어떻게 될까요? 처음 만든 집합의 모든 수와 다른 새로운 수가 만들어지겠지요. 이런 식으로 생각하면 어떤 실수의 집합에서 출발하든 언제나 새로운 수가 만들어질 수 있지 않겠어요? 그러므로 실수의 집합과 자연수의 집합은 기수가 서로 다르지요. 실수의 무한성이 자연수의 무한성보다 더 큰 크기를 갖는다고 할 수 있고요.

### 골치 아픈 무한성

무한성의 개념은 수학적으로 다루기도 복잡하지만, 실제 세계에 적용하려면 더 골치가 아픕니다. 원자론의 경우 원자가 발견된 이후 갈수록 더 작은 입자들이 발견되어 왔어요. 그만큼 물질은 계속해서 더 작은 크기로 쪼개졌고요. 하지만 이를 과학적으로 연구하기에는 이론적으로 한계가 있어요. 현재까지 가장 작은 단위인 플랑크 길이 ($1.62 \times 10^{-35}$m)는 플랑크 단위로 알려진 기본 단위 중 하나예요. 우리가 보통 알고 있는 공간이 더 이상 존재하지 않게 되는 크기에 이르지요. 이보다 작은 크기에 대해서는 지금까지 알려져 있는 물리 법칙들을 적용할 수 없답니다.

### 무한한 우주와 다중 우주론

우주는 무한할까요, 유한할까요?
'다중 우주론'으로 보자면 우주가 무한하다는 사실은 아주 중요한 의미가 있답니다. 다중 우주론에서는 우리가 알고 있는 우주가 무한히 많은 우주 가운데 하나일 뿐이라고 생각하기 때문이지요.

### 무한한 것 같은 착각

끝없이 무한한 우주를 머릿속으로 그려 보는 일은 참 막연하지요. 하지만 우주가 유한하다 하더라도 이해하기 쉬운 일은 아니랍니다. 만약 우주가 유한해서 가장자리가 있다면 그 가장자리 너머에는 도대체 무엇이 있을까요? 그런데 이 생각에는 오류가 있어요. '유한하다'라는 것과 '가장자리가 있다'라는 것이 같은 의미는 아니기 때문이에요. 실제로 우주에 대한 많은 주장들이 유한하기는 하지만 가장자리는 없는 우주를 이야기하고 있거든요. 예를 들면 도넛처럼 가운데 구멍이 뚫려 있는 원환체 같은 도형들이 그런 우주의 모습과 닮아 있지요. 무한한 공간은 아니지만 어느 방향으로 가도 가장자리는 나오지 않으니까요. 말하자면 가장자리들이 서로 맞물려 있는 형태인 셈이지요. 아무리 가도 끝이 나오지 않으니 마치 무한한 공간인 것 같은 착각을 주기는 하지만 정말로 무한한 것은 아니라는 뜻이랍니다.

# 카오스 이론과 프랙털 이론

1975년에 '프랙털'이라는 용어를 처음 사용한 브누아 망델브로

### 카오스 이론의 선구자

과학에서 말하는 **혼돈계**는 작은 요인에 의해서도 여러 가지 요소들이 복합적으로 변하면서 복잡한 움직임을 보여 주는 현상이에요. 카오스 이론의 연구 대상이기도 한 혼돈계는 얼핏 보면 무질서하고 복잡하게만 보이지만 사실 꼭 그런 것만은 아니랍니다. 19세기 말 프랑스의 수학자 앙리 푸앵카레는 지구와 태양과 달처럼 서로의 중력으로 영향을 주고받는 세 물체의 움직임을 연구하고 있었어요. 그러다 초기의 조건에 아주 작은 변화만 있어도 예상치 못한 결과로 이어진다는 것을 발견했지요. 초기 조건에 대한 민감성의 개념을 발견한 것이에요. 이 연구 덕분에 푸앵카레는 카오스 이론의 선구자 중 한 명으로 불린답니다.

### 카오스 이론과 날씨

1961년 미국의 기상학자 **에드워드 로렌츠**는 <브라질에서의 나비 한 마리의 날갯짓이 텍사스에 돌풍을 일으킬 수도 있는가?>라는 제목의 강연을 했어요. 기후 조건이 어떤 한 순간의 미세한 변화로 인해 크게 달라질 수도 있다는 것을 설명하는 강연이었지요. 이와 같은 '나비 효과'는 혼돈계의 특징이에요. 날씨 문제는 카오스 이론이 적용된 최초의 분야라고 할 수 있어요.

### 같은 패턴이 무한히 반복되다!

일부가 전체와 닮은 도형을 **프랙털** 도형이라고 해요. 20세기 초에 처음 발견되었지요. 1904년 스웨덴의 수학자 헬게 폰 코흐가 선분을 3등분해서 가운데 부분을 지운 다음 그 자리에 정삼각형을 그리고, 다시 밑변을 지우고 같은 과정을 되풀이하면 같은 패턴이 무한히 반복되는 도형이 그려진다는 사실을 알아낸 것이었어요! 이것이 바로 '코흐 곡선' 또는 '코흐의 눈송이'로 불리는 도형이지요. 프랙털 도형은 여러 가지가 있는데 아주 복잡한 모양의 프랙털 도형은 컴퓨터 같은 도구를 이용해야만 그릴 수 있어요.

### 나비 효과에 대한 오해

'나비 효과'는 나비의 날갯짓 같은 아주 작은 일이 상황에 따라 폭풍우 같은 대규모 현상을 일으킬 수도 있다는 거예요. 하지만 이것은 어디까지나 '비유적' 표현이랍니다. 실제로 나비의 날갯짓이 폭풍우를 일으킨다는 뜻은 아니에요!

### 단지 예측이 불가능할 뿐!

**카오스**라는 용어는 장기적인 예측이 불가능한 현상을 가리킬 때 쓰는 말이에요. 하지만 완전히 제멋대로라거나 규칙이 전혀 없다는 뜻은 아니랍니다. '결정론적 카오스'에 속하는 현상들은 일정한 법칙을 따르기는 하지만 정확한 예측이 가능하지 않을 뿐이거든요.

망델브로가 이론화한 프랙털 구조

# 수학의 발견과 발명

### 자연 속의 프랙털

프랙털 기하학은 자연 속에서도 많이 찾아볼 수 있답니다. 예를 들어 꽃양배추라고도 불리는 콜리플라워는 어떤 크기로 관찰하든 동일한 구조로 되어 있어요. 계속 작게 잘라도 매번 같은 형태를 보이거든요. 따라서 부분 부분이 전체의 축소판인 셈이에요. 폐와 혈관, 나무의 뿌리와 잔가지, 고사리, 눈송이 등도 모두 자연에서 프랙털 구조를 보여 주는 예들이랍니다.

### '프랙털'의 탄생

1975년 IBM 연구원으로 일하던 프랑스계 미국인 수학자 브누아 망델브로는 흥미로운 프랙털의 세계를 세상에 소개했어요. 작은 구조가 전체 구조와 비슷한 형태로 끝없이 되풀이되는 기하학적 형태를 가리키는 '프랙털(fractal)'이라는 용어를 만든 것이지요. '프랙털'은 라틴어로 '조각난, 부서진, 불연속적인'을 뜻하는 '프락투스(fractus)'에서 유래되었답니다. 프랙털 도형은 도형의 일부가 전체와 같은 모양을 하고 있어서 가까이에서 보든 멀리서 보든 동일한 구조와 속성을 보여 주지요.

### 프랙털의 신비

프랙털 구조의 대표적인 특징은 자기 유사성이에요. 즉 자신의 작은 부분이 자신의 전체와 닮은 모습을 하고 있다는 것이지요. 따라서 프랙털 도형은 아무리 '클로즈업'을 하더라도 매번 동일한 구조가 나타난답니다.

### 해안선의 길이와 프랙털

해안선의 길이는 어떻게 잴까요? 이것이 프랙털 연구의 출발점이었답니다. 그런데 이 문제는 생각보다 간단하지가 않아요. 정확하게 측정할수록 해안선의 길이가 길어지기 때문이에요! 해안선은 들쭉날쭉하기 때문에 어떤 단위의 자로 길이를 측정하느냐에 따라 길이에 차이가 날 수밖에 없어요. 단위가 작은 자로 잴수록 해안선의 윤곽을 따라가며 더 자세하게 잴 수 있기 때문에 더 길게 측정될 테니까요. 따라서 이론적으로는 해안선의 길이가 무한대로 늘어날 수 있어요! 해안선은 어떤 거리에서 관찰하든 이와 같은 속성을 보여 준답니다. 한마디로 프랙털 구조라는 말이지요.

# 비유클리드 기하학

### 유클리드의 《원론》

기원전 4~3세기에 살았던 **유클리드**는 고대 그리스의 수학자들 중 가장 위대한 한 명으로 손꼽히지요. 그는 총 13권으로 구성된 《원론》을 내놓았는데, 이 책은 수학의 역사에서 기념비적인 존재예요. 논리학이나 수학 등의 이론 체계에서 가장 기초적인 근거가 되는 명제를 '공리'라고 하는데, 《원론》에서 기하학을 정리하는 공리들을 내놓았거든요. 19세기까지는 유클리드의 기하학 이외에 다른 종류의 기하학은 아무도 생각조차 하지 못했답니다!

### 유클리드의 평행선

유클리드의 기하학에서 제일 유명한 공리는 **제5공리**예요. '직선 밖의 한 점을 지나 그 직선과 만나지 않는 직선은 단 하나만 존재한다'는 것이지요. 그런데 비유클리드 기하학에서는 이 공리가 성립하지 않는답니다. 예를 들어 쌍곡 기하학에서는 직선 밖의 한 점을 지나 그 직선과 만나지 않는 직선이 무한히 존재할 수 있어요. 반대로 타원 기하학이나 구면 기하학에서는 그와 같은 직선이 하나도 존재하지 않고요.

### 우주는 유클리드적이지 않다!

아인슈타인은 특수 상대성 이론과 일반 상대성 이론을 통해 실제로 우주가 유클리드의 《원론》에 나오는 규칙들을 따르지 않는다는 것을 보여 주었어요. 만약 아인슈타인이 아니었다면 비유클리드 기하학은 그저 뛰어난 수학적 상상력으로만 여겨졌을지도 몰라요.

### 유클리드를 넘어서다

독일의 수학자 카를 프리드리히 **가우스**는 곡면 위에 있는 두 점 사이의 거리를 계산하던 중 유클리드의 틀을 벗어난 기하학을 처음으로 생각했어요. 하지만 그 연구 내용을 공개하지는 않았지요. 너무나 혁신적인 생각이라 '세상이 시끄러워질까 봐 겁나서' 그랬다고 해요! 하지만 1829년에는 러시아의 수학자 니콜라이 로바쳅스키가, 1832년에는 헝가리의 수학자 야노시 보여이가 일정한 음(-)의 곡률을 갖는 곡면의 기하학은 유클리드의 제5공리를 따르지 않는다는 사실을 증명했지요. 결국 '비유클리드 기하학'이 세상에 나오게 된 거예요. 이후 기하학에 많은 일들이 있었답니다. 1854년 독일의 수학자 베른하르트 리만은 가우스의 미분 기하학(미적분학을 응용해 곡선·곡면 등의 성질을 연구하는 기하학의 한 갈래)을 3차원 이상의 공간에 확대 적용한 이론을 제시했어요. 1868년 이탈리아의 수학자 에우제니오 벨트라미는 일정한 음의 곡률을 갖는 곡면에 대한 로바쳅스키의 기하학이 틀리지 않았다는 것을 증명했고요. 1872년 독일의 수학자 펠릭스 클라인은 유클리드 기하학과 비유클리드 기하학을 사영 기하학 안에서 통합하자는 의견을 내놓기도 했답니다. 사영 기하학은 중세에 화가들이 공간에 있는 대상을 화폭에 담아 내기 위해 개발한 원근법에서 발전한 기하학을 말해요.

카를 프리드리히 가우스

# 수학의 발견과 발명

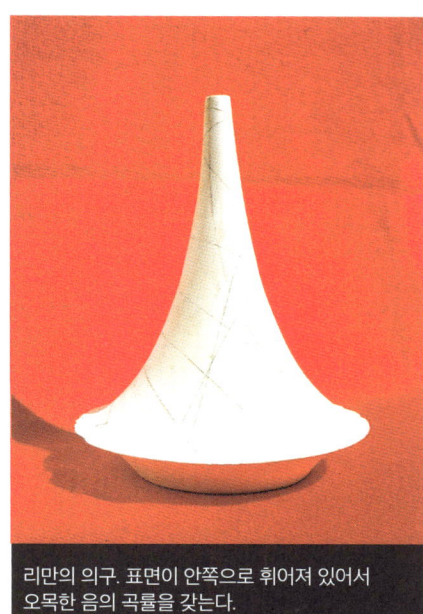

리만의 의구. 표면이 안쪽으로 휘어져 있어서 오목한 음의 곡률을 갖는다.

### 새로운 공간의 기하학

아인슈타인은 이전까지 사용되던 기하학만 가지고는 상대성 이론으로 중력을 설명할 수 없다는 것을 알게 되었어요. 그래서 일반 상대성 이론을 생각해 냈지요. 이때 아인슈타인에게 실마리가 되어 준 것이 바로 리만이 도입한 새로운 개념의 공간이었답니다.

### 지구의 표면과 비유클리드 기하학

사실 우리는 매일 비유클리드 기하학을 마주하고 있답니다. **지구의 표면**에도 비유클리드 기하학이 적용되거든요! 예를 들어 지구의 표면에는 평행한 두 직선을 그을 수 없어요. 모든 직선은 양극에서 서로 만나게 되어 있으니까요. 평면으로 된 세계 지도에는 지구 위를 지나는 자오선(천구의 북극에서 관측자의 천정을 지나 천구의 남극을 연결하는 큰 원)들이 평행하게 그려져 있다고요? 하지만 그건 진짜 지구의 모습이 아니잖아요. 둥근 지구본 위에 그려진 자오선들이 모두 남극과 북극에서 만나는 걸 떠올리면 쉽게 이해할 수 있을 거예요. 지구의 표면에 그린 삼각형도 유클리드 기하학에서 말하는 삼각형과는 성질이 다르답니다. 지구의 표면에는 양의 곡률을 가진 볼록한 곡면을 연구하는 구면 기하학이 적용되거든요!

### 민코프스키의 시공간

독일의 수학자 **헤르만 민코프스키**는 특수 상대성 이론을 바탕으로 하는 시공간 모형을 내놓았어요. 이 모형에는 비유클리드 기하학이 적용되었답니다. 유클리드 기하학에서는 공간을 3차원으로 설명하고 시간은 공간과 관계가 없는 독립적인 존재로 취급하지요. 하지만 민코프스키는 자신의 '시공 기하학'에서 시간과 공간에 대한 이전의 생각들을 완전히 뒤집고 시간을 네 번째 차원으로 두었어요. 예를 들어 유클리드 기하학에서는 어느 한 점에서 같은 거리에 있는 모든 점을 이을 경우 '구'의 형태가 나와요. 하지만 민코프스키가 주장하는 시공간에서는 '모래시계' 모양이 나오지요!

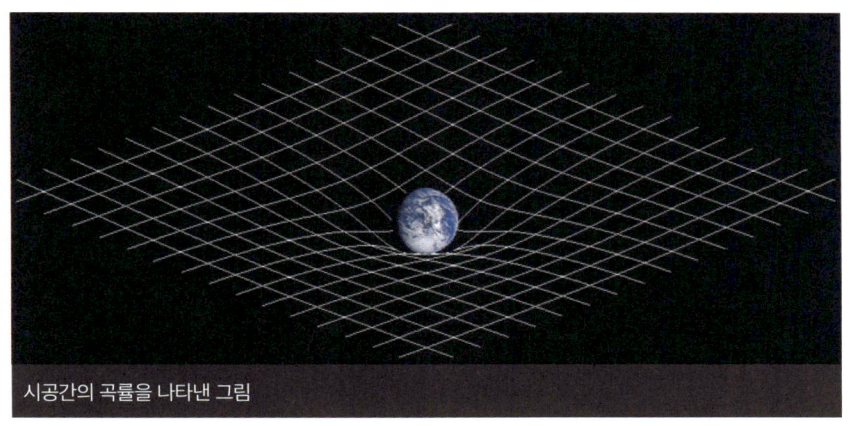

시공간의 곡률을 나타낸 그림

# 물질의 비밀

## 물질을 다루는 과학

물리학을 뜻하는 영어 단어 '피직스(physics)'는 자연을 의미하는 그리스어 '피시스(physis)'에서 왔어요. 즉 물리학은 자연을 연구하는 것에서 출발했답니다. 이후 화학, 박물학, 생물학 같은 더 좁고 뚜렷한 분야들로 나뉘었고, 오늘날 우리는 그만큼 더 정확하고 깊이 있는 지식을 얻게 되었지요. 연금술은 납이나 철처럼 비교적 흔하고 값싼 재료들을 금이나 은 같은 귀금속으로 만들거나 여러 가지 재료를 이용해 늙지 않는 신비한 영약 등을 제조하려던 기술이에요. 이 연금술은 물리학처럼 차츰 수학의 논리를 받아들여 화학으로 발전했답니다. 물질들의 결합을 연구하는 화학은 물질의 성질을 파고드는 물리학과는 떼려야 뗄 수 없는 관계예요. 이 둘은 서로 영향을 주고받으며 물질을 다루는 과학으로 자리를 잡았지요. 원자가 실제 존재하느냐 아니냐로 오랫동안 많은 논란을 낳던 원자론이 결국 사실로 받아들여지게 된 것도 화학과 물리학이 각자의 특성을 살려 협력한 덕분이었어요.

오늘날 물질을 다루는 과학은 물질을 원자 단위로 조작할 수 있는 나노 기술에까지 이르렀어요. 나노 기술의 발전은 새로운 가능성의 세계를 열었지요. 하지만 또 그만큼 많은 위험성을 안고 있기도 한답니다. 화장품과 섬유 등 우리 주변의 많은 곳에서 이미 나노 기술이 활용되고 있지만, 그런 미세한 입자가 사람이나 환경에 어떤 영향을 미치게 될지는 아직 명확하게 밝혀지지 않았거든요.

## 방대한 연구 분야

물질의 기본 성분에 대한 연구는 과학을 생각보다 훨씬 더 발전시켰어요. 초기에는 물질을 구성하는 최소 단위인 원자의 존재를 이론적으로만 상상했었지요. 그런데 지금은 우리 우주를 구성하는 가장 기본적인 물질과 법칙에 대해 연구하는 입자 물리학에까지 이르렀으니까요. 물질을 이루는 기본 입자에 관한

터널 효과를 이용한 주사 터널링 현미경으로 본 DNA

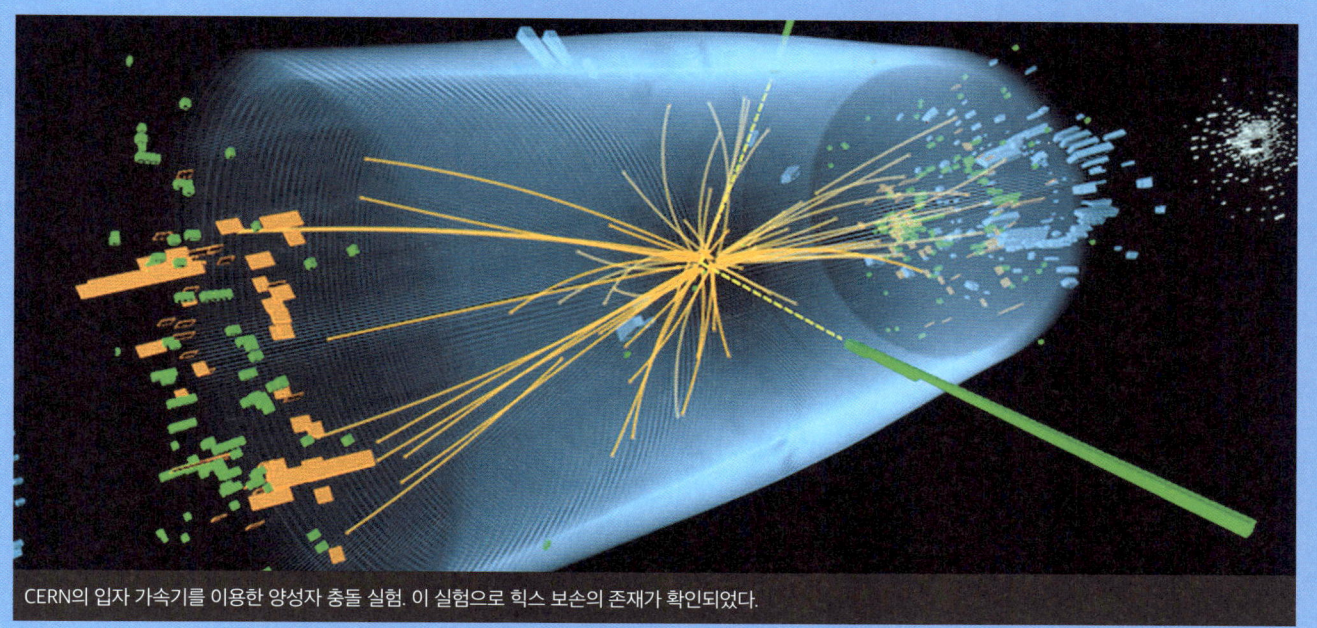
CERN의 입자 가속기를 이용한 양성자 충돌 실험. 이 실험으로 힉스 보손의 존재가 확인되었다.

지식의 발전은 매번 새로운 세계의 발견으로 이어졌어요. 예를 들어 매우 단단하다고 생각했던 물질이 사실은 거의 텅 빈 공간과 정확한 측정이 불가능한 입자로 이루어져 있는 경우도 있었거든요.

그런데 무한히 작은 세계로 파고들수록 그것을 연구하는 데 필요한 과학 시설이나 도구 등은 오히려 더욱 거대해졌답니다! 예를 들어 입자들을 빛의 속도에 가까울 정도로 최대한 빠르게 움직이게 해서 더 큰 힘으로 충돌시켜 깨뜨리는 입자 가속기는 물리학의 발전에 꼭 필요한 도구예요. 2013년 유럽원자핵공동연구소(CERN)에서는 이 입자 가속기를 이용해 입자 물리학에서 이야기하는 기본 입자 중 하나인 힉스 보손의 존재를 확인했어요. 슈퍼 입자 가속기 LHC가 다음엔 또 얼마나 대단한 일을 이루어 낼지 궁금하지 않나요? 지금까지 알려지지 않은 새로운 입자를 또 찾아낼 수도 있어요. 만약 정말로 미지의 'X입자'가 발견된다면 입자 물리학은 또다시 어마어마한 변화를 맞이할지도 몰라요!

## 빛에 대해 밝히다

빛은 수학 법칙을 적용해 설명한 최초의 자연 현상 가운데 하나예요. 지금은 빛에 대해 잘 알려져 있지만, 과거에 빛은 과학사에 매우 어려운 문제를 던졌답니다. 파동과 입자의 성질을 동시에 띠는 이중성 때문이었지요. 물리학자들은 오랫동안 빛이 파동인지 입자인지를 두고 양쪽으로 나뉘어 대립했어요. 하지만 이런 논쟁은 물질을 이해하는 새로운 개념을 찾아내면서 끝이 났지요. 모든 입자는 이와 같은 이중성을 지니며, 입자를 파동 현상으로도 볼 수 있다는 것이었어요!

$$E = \frac{p^2}{2m}$$

## 하나로 통합할 수 있을까?

현재 전 세계의 학자들이 가장 바라는 것은 무엇일까요? 아마도 모든 물리학 이론을 통합할 수 있는 하나의 이론이 나오는 것일 거예요. 20세기 물리학의 양대 산맥인 상대성 이론과 양자 역학은 서로의 부족한 점을 보완하기는 하지만 둘 다 성립되는 건 불가능하거든요. 과학계의 많은 학자들은 과거 뉴턴이 그랬던 것처럼 우주를 하나의 이론으로 설명해 줄 위대한 과학자를 기다리고 있답니다. 어떤 물리학자들은 통합 이론을 헛된 꿈이라고 생각해요. 하지만 그래도 만약 그 일을 해 내는 사람이 있다면 그 사람은 틀림없이 21세기 과학계에서 가장 위대한 사람 중 한 명으로 기록될 거예요!

# 원자의 대모험

### 원자론의 역사

원자론의 역사는 고대로 거슬러 올라가요. 인도의 사상가들은 기원전 6세기부터 이미 원자론을 이야기하고 있었답니다. 2세기 뒤에 등장한 고대 그리스의 원자론은 아마도 인도의 영향을 받은 것 같고요. 고대 그리스에서 원자론을 처음 말한 사람은 레우키포스였어요. 하지만 고대 원자론을 대표하는 인물로는 그의 제자인 데모크리토스가 손꼽히지요. 데모크리토스는 나중에 고대 그리스의 철학자 에피쿠로스에게도 큰 영향을 주었어요.

### 철학에서 과학으로

철학 수준에서 이야기되던 원자론을 과학 이론으로 발전시킨 것은 영국의 과학자 존 돌턴이에요. 프랑스의 화학자 라부아지에는 '질량 보존의 법칙'을 발표했어요. 화학 반응이 일어난 후에 생겨난 물질의 전체 질량은 화학 반응이 일어나기 전의 물질의 질량과 같다는 것이었지요. 이 법칙을 연구한 돌턴은 1808년 《화학의 신체계》라는 책을 내놓았어요. 이 책은 물질이 원자라는 입자로 이루어져 있으며 원자들은 무게로 서로 구분된다는 주장을 담고 있어요. '단순 원자'들이 결합하면 '복합 원자'가 되는데, 원자는 더 이상 쪼개질 수 없기 때문에 원자의 결합은 정수의 비로만 이루어진다는 주장이지요.

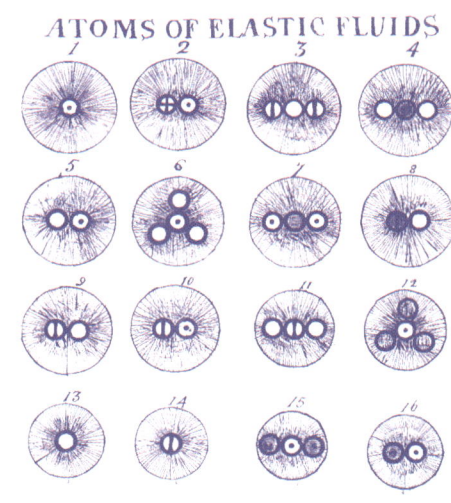

존 돌턴이 그린 원자

### 오랫동안 빛을 보지는 못했지만

데모크리토스는 플라톤, 아리스토텔레스와 대립 관계에 있었어요. 데모크리토스가 두 사람의 그늘에 가려져 있는 바람에 그의 원자론도 오랫동안 빛을 보지 못했답니다. 하지만 물질이 연속되지 않는 어떤 기본 단위로 이루어져 있다는 데모크리토스의 생각을 따르는 사람들은 꾸준히 있었어요. 기원전 1세기에 활동한 고대 로마의 시인 루크레티우스는 《사물의 본성에 관하여》라는 철학 시집에서 데모크리토스의 주장을 자세히 설명하기도 했지요.

### 원자론과 당량론

19세기의 화학자들은 원자론을 쉽게 받아들이지 않았어요. 대신 화학 변화가 일어날 때 기본이 되는 당량이라는 개념에 집착했지요. 당량은 화학 반응에서 각 원소나 화합물에 나누어 배당된 일정한 물질량을 가리켜요. 원소들이 일정한 비율로 반응하는 현상은 원자의 존재와 상관없이 이 당량만으로도 충분히 설명할 수가 있었어요. '당량론'은 특히 프랑스 학자들 사이에서 크게 인정받았답니다. 프랑스의 화학자 장 바티스트 뒤마는 처음에는 원자론을 지지했어요. 하지만 원자론이 너무 이론적이라는 이유로 생각을 바꾸었지요. 또 다른 유명한 화학자 피에르 베트렐로도 원자론을 단호하게 반대했고요. 그러다 19세기 후반 일부 프랑스 화학자들이 원자론을 다시 꺼내면서 원자론을 지지하는 학자들과 당량론을 지지하는 학자들 사이에 팽팽한 긴장이 감돌기도 했답니다. 1860년 독일 카를스루에서 열린 국제 화학 학회에서는 이 둘의 합의를 끌어내려고 했어요. 하지만 양측 다 서로의 입장을 굽히지 않았답니다.

## 물질의 비밀

### 아보가드로의 법칙

1811년 이탈리아의 물리학자 아메데오 아보가드로는 훗날 '아보가드로의 법칙'이라 불리는 주장을 내놓았어요. 온도와 압력이 같으면 모든 기체는 같은 부피 속에 같은 개수의 분자를 갖는다는 것이지요. 1814년 프랑스의 물리학자 앙드레 마리 앙페르도 연구 끝에 아보가드로와 같은 결론에 도달했어요. 그런데 당시에는 쓰이던 용어가 정리되지 않아 혼란이 있었답니다. 돌턴이 '단순 원자'와 '복합 원자'라고 했던 것을 아보가드로는 '구성체 분자'와 '완전체 분자'라고 불렀거든요. 이 문제는 1833년 프랑스의 화학자 마르크 고댕이 단순한 입자는 '원자', 원자로 이루어진 복합 입자는 '분자'로 구분하면서 정리되었어요.

### 드디어 볼 수 있다!

미국의 물리학자 아인슈타인과 프랑스의 물리학자 장 페랭은 물질의 불연속성과 원자의 존재를 증명했어요. 이로 인해 과학계는 결국 원자론을 받아들이게 되었지요. 특히 장 페랭이 펴낸 《원자》는 원자론을 사람들에게 널리 알리는 계기가 되었답니다. 그리고 1981년 터널 효과를 이용한 현미경이 발명되었지요. 드디어 원자와 분자를 '눈으로 보는' 일이 가능해진 거예요! 터널 효과는 고전 역학에서는 일어날 수 없는 현상으로 양자 역학의 입자나 파동이 고전적으로 통과할 수 없는 물체를 통과하는 현상이에요.

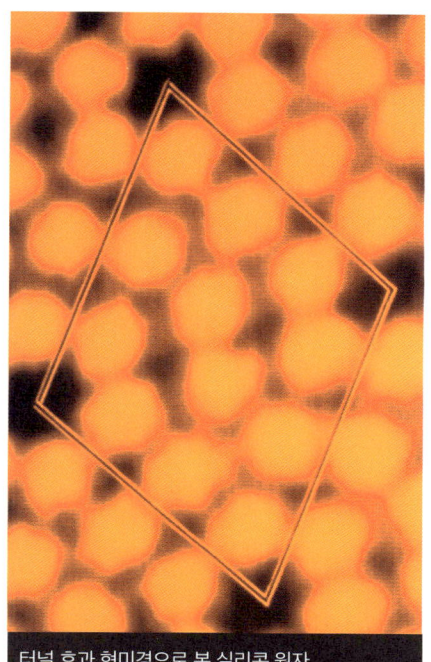

터널 효과 현미경으로 본 실리콘 원자

### 원자핵의 발견

영국의 물리학자 어니스트 러더퍼드는 원자의 구조를 이해하는 데 결정적인 역할을 한 인물이에요. 1909년 어떤 실험을 하던 도중 아주 중요한 사실을 알아냈거든요. 원자의 중심에는 양(+)전하를 띠는 아주 작은 핵이 존재하고, 원자의 거의 모든 질량은 그 핵에 집중되어 있다는 사실이었지요. 놀라운 것은 원자의 질량 대부분을 차지하는 핵의 크기가 원자의 10만분의 1 정도밖에 되지 않는다는 사실이에요!

### 아인슈타인이 가져다 준 승리

원자론이 승리를 거둘 수 있었던 것은 1905년에 나온 아인슈타인의 논문 덕분이었어요. 이 논문에서 아인슈타인은 '브라운 운동'의 원인이 입자들과 물 분자들 사이의 충돌 때문이라고 설명했어요. 꽃가루 같은 매우 작은 입자를 물에 띄웠을 때 나타나는 그 불규칙적인 운동 말이에요. 1908년 프랑스의 물리학자 장 페랭은 브라운 운동에 관한 아인슈타인의 이론을 실험으로 증명했지요. 일정량의 물질 안에 들어 있는 원자 또는 분자의 수, 즉 아보가드로 수 측정에도 성공했고요.

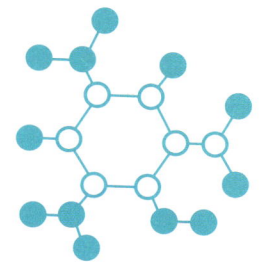

# 원소를 분류하다

### 분류할 필요가 있다

원소를 분류할 필요가 있다는 이야기는 18세기부터 나왔어요. 1700년에만 해도 알려진 원소가 12개밖에 없었지만 18세기 말에는 30개로 늘어난 데다 20세기 초에는 80개를 넘어섰거든요!

### 삼조 원소와 사조 원소

1817년 독일의 화학자 요한 되베라이너는 칼슘과 스트론튬, 바륨 사이에 특별한 관계가 있다는 사실을 발견했어요. 세 원소가 모두 화학적으로 비슷한 성질을 지니고 있었거든요. 게다가 이 세 원소를 원자량 순으로 배열했더니 가운데 자리한 원소가 나머지 두 원소의 평균에 해당하는 원자량을 갖고 있었어요. 이런 관계를 가진 세 원소를 한 조로 묶어 '삼조 원소'라고 했지요. 1829년 되베라이너는 두 조의 삼조 원소를 더 발견했어요. 1850년까지 이런 방식으로 20여 개의 원소를 더 묶었고요. 1859년 프랑스의 화학자 장 바티스트 뒤마는 되베라이너의 방식을 발전시켜 네 개의 원소를 한 조로 묶는 '사조 원소'라는 개념을 내놓기도 했어요. 하지만 삼조 원소도 사조 원소도 안정적이고 완전한 분류 체계는 되지 못했답니다.

### 원소로 그린 '소용돌이 모양의 나선'

원소들을 원자량 순으로 배열했을 때 비슷한 화학적 속성이 일정하게 되풀이해서 나타나는 현상을 원소의 주기성이라고 해요. 1862년 프랑스의 지질학자 알렉상드르 샹쿠르투아가 처음 발견했지요. 당시에 알려져 있던 원소들을 원자량 순서대로 원기둥의 표면에 소용돌이 모양으로 나열했더니 화학적 속성이 같은 원소들이 수직선 모양으로 나타났던 거예요. 그러나 샹쿠르투아가 찾아낸 이 '땅의 나선'은 다른 화학자들의 관심을 크게 끌지는 못했어요. 그 사실을 분명하게 보여 줄 수 있는 그림이나 도표를 제시하는 대신 글로만 설명한 탓에 내용이 한눈에 들어오지 않았거든요.

### 무게를 기준으로

원자량은 원소를 이루는 원자들의 평균 질량을 나타내는 숫자예요. 영국의 화학자 존 돌턴이 만든 개념이지요. 원자량은 원소를 분류하는 기준으로 아주 유용하답니다. 원소를 그 원자의 무게에 따라 간단하게 구분할 수 있으니까요.

### 빈칸이 채워지다

러시아의 화학자 멘델레예프가 만든 주기율표는 새로운 원소가 발견될 때마다 더욱 진가를 발휘했어요. 앞으로 발견될 원소들을 위해 남겨 둔 빈칸이 실제로 새로 발견된 원소들로 하나하나 채워졌거든요! 1875년에는 갈륨, 1879년에는 스칸듐, 1886년에는 저마늄이 제자리를 찾았지요. 물론 멘델레예프의 '틀'에 맞지 않는 원자들도 발견되었어요. 헬륨, 네온, 아르곤 등 다른 원소와 화학 반응을 잘 일으키지 못하는 비활성기체에 대한 분류는 수정이 되었고요. 그리고 지금은 원소를 원자량 순서가 아니라 원자 번호 순으로 배열해요. 멘델레예프의 주기율표 외에도 달팽이 모양이나 3차원 구조로 된 주기율표도 있답니다.

## 물질의 비밀

### 원자가를 기준으로

원자가 다른 원자와 이룰 수 있는 결합의 수를 '원자가'라고 해요. 원자가는 원자핵 주변을 돌고 있는 전자의 분포와 관계가 있어요. 원자들의 결합과 화학적 속성 사이의 관계를 파악하는 데 중요한 역할을 하고요. 이 원자가를 기준으로 원소를 분류하는 방식을 처음 생각한 사람은 독일의 화학자 율리우스 로타르 마이어였어요. 마이어의 주기율표는 1864년에 처음 발표되었지만 그 형태가 완성된 것은 1870년이었답니다.

### 음악에서 영감을 얻다

옥타브는 음악에서 음정을 나타내는 단위예요. 도, 레, 미, 파, 솔, 라, 시 7개의 음을 한 조로 해서 반복되지요. 그래서 여덟 번째마다 같은 성질의 음이 나타나요. 영국의 화학자 **존 뉴랜즈**는 이 사실에서 영감을 얻어 1863년 '옥타브 법칙'을 발표했어요. 원소들을 주기적 성질에 따라 7개의 행과 8개의 열로 이루어진 표에 배열하는 분류법과 함께 말이에요. 원소들도 음과 비슷해서 원자량 순으로 늘어놓으면 여덟 번째마다 비슷한 성질의 원소가 나타난답니다.

### 멘델레예프가 이겼다!

1869년 러시아의 화학자 드미트리 **멘델레예프**는 지금까지도 유용하게 사용되고 있는 원소 분류 체계를 내놓았어요. 주기율표를 만드는 경쟁에서 '최종 승자'가 된 것이지요. 당시 다른 학자들이 분류한 원소의 최대 개수는 57개였어요. 그런데 멘델레예프는 당시까지 발견된 63개의 원소를 모두 분류했지요. 그뿐 아니라 아직 발견되지 않은 원소들의 속성을 예측해 그 원소들이 차지할 자리까지도 남겨 두었답니다! 현재의 주기율표에는 모두 118개의 원소가 분류되어 있어요.

# 세상의 모든 빛깔

### 보이는 빛과 보이지 않는 빛

태양의 빛은 파장이 다른 여러 성분으로 이루어져 있어요. 무지개는 그 성분들이 파장에 따라 조금씩 다른 각도로 굴절되면서 나타나는 현상이지요. 무지개의 색깔은 빨간색에서 보라색까지 언제나 같은 순서로 나열돼요. 하지만 빛에는 이렇게 눈으로 볼 수 있는 가시광선만 있는 게 아니에요. 빨간색의 바깥쪽에는 리모컨이나 위조지폐 감식기 등에 사용되는 적외선과 마이크로파, 라디오파가 있어요. 보라색의 바깥쪽에는 우리가 선크림으로 차단하는 UVA와 UVB 같은 자외선과 의료 영상 기술에 사용되는 X선, 감마선 등이 있고요.

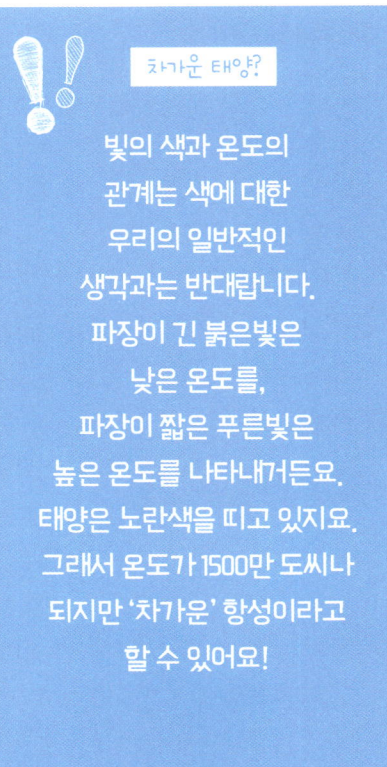

### 차가운 태양?

빛의 색과 온도의 관계는 색에 대한 우리의 일반적인 생각과는 반대랍니다. 파장이 긴 붉은빛은 낮은 온도를, 파장이 짧은 푸른빛은 높은 온도를 나타내거든요. 태양은 노란색을 띠고 있지요. 그래서 온도가 1500만 도씨나 되지만 '차가운' 항성이라고 할 수 있어요!

### 빛의 삼원색을 겹치면 백색!

그림물감에서 모든 빛깔의 바탕이 되는 빨강, 노랑, 파랑의 세 가지 색을 **삼원색**이라고 해요. 이 세 가지 물감을 섞으면 검은색이 만들어진답니다. 물감의 색들은 광선을 흡수하는 방식으로 빛깔을 나타내요. 그래서 색을 섞을수록 빛을 더 많이 흡수해 어두워지지요. 즉 검은색은 빛이 모두 흡수된 상태라고 할 수 있어요. 그런데 빛의 삼원색은 빨강, 초록, 파랑이에요. 그리고 이 빛깔을 모두 겹치면 물감과 반대로 백색의 빛이 된답니다. 빛은 광선을 반사해서 빛깔을 나타내거든요. 그래서 빛이 많이 모일수록 반사하는 파장이 많아져 밝아지는 거예요. 그런 이유로 모든 색의 빛을 더하면 백색광이 만들어지고요. LCD 화면이나 디지털 카메라, 스캐너 등은 이런 빛의 삼원색을 이용해 이미지와 색을 만든답니다.

무지개는 빛이 공기 중의 물방울에 반사·굴절되면서 만들어진다. 물방울이 프리즘처럼 작용해 백색의 빛을 다양한 색의 스펙트럼으로 분해하는 것이다.

# 물질의 비밀

### 색으로 온도를 알 수 있다?

전기와 자기, 즉 **전자기적 파장**이 방출될 때 나타나는 빛깔은 저마다 일정한 온도를 가진답니다. 그래서 금속을 가열할 때 색의 변화를 보면 온도를 짐작할 수 있지요.

### 흰옷을 더욱 더 희게?

**햇빛** 같은 아주 밝은 빛깔은 모든 가시광선이 겹쳐졌을 때 나타나요. 반대로 빛이 없거나 가시광선이 어딘가에 모두 흡수된 상태일 때는 어둡게 보이지요. 그렇다면 '흰옷을 더욱 희게' 만들어 준다는 세탁 세제는 도대체 어떤 원리를 이용하는 것일까요? 그 비결은 바로 형광 증백제라는 물질이랍니다. 형광 증백제는 자외선을 받으면 푸른빛의 형광을 내거든요.

### 개와 고양이는 근시!

개와 고양이는 모두 가까운 거리만 잘 볼 수 있는 근시예요. 그래서 일정 거리 이상 떨어진 것들은 또렷하게 보지 못하지요. 대신 움직임을 감지하는 시력과 어두울 때의 시력이 매우 뛰어나서 사냥을 하기에 좋아요. 또 개와 고양이, 꿀벌, 상어는 모두 색을 구별할 수 없는 색맹이라는 공통점이 있어요. 하지만 새들은 색을 구별하는 능력이 아주 뛰어나지요. 심지어는 사람이 볼 수 없는 자외선까지 볼 수 있어요! 깊은 바다에는 축구공만 한 눈을 가진 대왕오징어가 살고 있답니다. 그 커다란 눈으로 무려 100미터 넘는 거리의 물체도 알아볼 수 있지요!

### 붉은색이 황소를 화나게 한다?

**시력**에는 몇 가지 요인들이 영향을 미쳐요. 우선 눈의 위치는 시력이 닿는 범위인 시야의 폭을 결정하지요. 예를 들어 사람은 눈이 앞쪽에 있어서 시야가 180도인데 눈이 양쪽 옆에 있는 비둘기는 시야가 360도나 된답니다. 위치에 따라 사물이 보이지 않게 되는 각도를 사각지대라고 하는데, 이것은 두 눈 사이의 간격과 관계가 있어요. 예를 들어 말은 두 눈 사이의 거리가 멀어서 2미터 앞까지는 양쪽 눈으로 동시에 볼 수 없어요. 이렇게 동물들은 눈의 특성에 따라 빛과 색, 움직임을 저마다 다른 방식으로 인식한답니다. 서로 떨어져 있는 물체를 구분하는 분해 능력도 동물마다 차이가 있어요. 그래서 매나 독수리 같은 사나운 맹금류처럼 아주 멀리까지 볼 수 있는 동물이 있는가 하면 토끼처럼 사물의 움직임은 잘 알아차리지만 자세히는 보지 못하는 동물도 있어요. 스페인에서 투우를 하는 모습을 보면 황소들이 투우사가 흔드는 붉은색 깃발에 흥분해서 막 달려드는 것 같지요? 그런데 사실 황소는 '붉은색'이 아니라 깃발이라는 '흔들리는 물체'에 반응하는 것이랍니다. 황소는 붉은색을 구분할 수 없거든요!

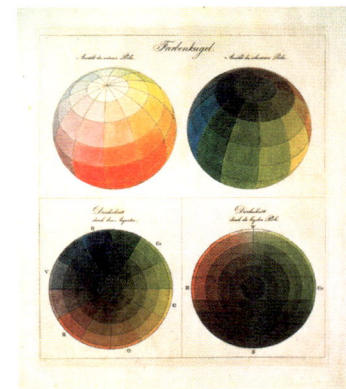

# 빛의 수수께끼

### 빛에 관한 연구의 시작

학자들은 빛의 성질이 밝혀지기 훨씬 전부터 관찰을 통해 빛의 반사와 굴절, 렌즈의 확대 효과 같은 현상들이 일어나는 광학 법칙을 알아냈답니다. 중세에는 특히 이슬람 학자들이 광학 분야의 지식 발전에 크게 기여했지요. 네덜란드의 물리학자 빌레브로르트 판 로에이언 스넬은 빛에 관한 흥미로운 법칙을 발견했어요. 어떤 파동이나 물리적 작용을 한곳에서 다른 곳으로 옮겨 주는 역할을 하는 물질을 '매질'이라고 해요. 그런데 빛이 공기나 물, 유리 같은 하나의 매질에서 다른 매질로 나아갈 때 들어오는 각도(입사각)와 꺾이는 각도(굴절각)의 비가 항상 일정했던 거예요. 이후 프랑스의 학자 데카르트도 《굴절광학》에서 이 사실을 스스로 찾아냈지요. 그래서 이 법칙을 '스넬-데카르트의 법칙'이라고 부른답니다.

### 빛의 물결

네덜란드의 수학자 크리스티안 **하위헌스**는 1690년 《빛에 관한 논술》에서 빛의 파동설을 처음으로 주장했어요. 그는 빛을 아주 특이한 파동의 한 종류로 보았답니다. 고요한 물에 돌멩이를 던지면 수면에 동심원이 생겼다가 잔잔히 사라지는 파동이 일어나지요. 그런데 빛에서 퍼져나가는 파동은 사라지지 않고 무한히 진행되는 것처럼 보였거든요! 파동의 중심인 광원에서부터 점점 커지며 진행하는 원을 파면이라고 해요. 공간의 한 지점에서 다른 모든 방향으로 둥글게 퍼져 나가는 파동을 구면파라고 하고요. 하위헌스는 첫 파면의 각 지점에서 다시 새로운 구면파가 발생하는 방식으로 파동이 진행된다고 생각했어요. 이런 구면파들이 모두 겹쳐지면서 빛이 된다는 것이었지요.

### 입자일까, 파동일까?

빛의 성질에 관해 처음으로 진지하게 연구하기 시작한 것은 17세기부터예요. 당시에는 빛에 관한 두 주장이 서로 맞서고 있었어요. 빛을 입자의 흐름으로 보는 '입자설'과 물결처럼 퍼지는 파동으로 보는 '파동설'로 말이에요.

### 빛을 입자로 보다

영국의 과학자 아이작 **뉴턴**은 빛에 관한 연구로 물리학의 발전에 큰 역할을 했어요. 그는 빛이 미세한 입자로 이루어져 있다고 보았어요. 아마 고대 원자론자들의 영향을 받았던 것 같아요. 뉴턴은 1670년부터 빛에 관한 연구를 시작했어요. 그런데 그 결과는 1704년에야 《광학》을 통해 발표되었답니다. 뉴턴의 이론은 빛이 물질에 반사되는 현상이나 성분이 같은 매질에서 직선으로 나아가는 현상을 설명해 주었어요. 또 이미 알려져 있던 모든 광학 법칙에도 잘 들어맞았고요. 하지만 빛의 굴절 현상이나 그림자의 가장자리가 또렷하지 않고 흐릿하게 보이는 회절 현상은 충분히 설명하지 못한 채 다소 애매하게 설명하고 넘어갔어요.

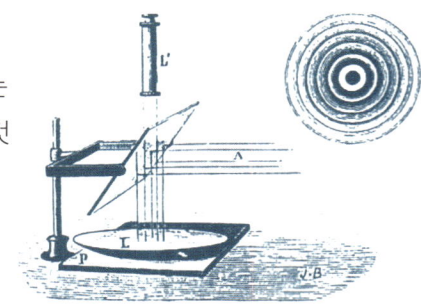

1704년에 뉴턴이 유리판을 이용해 진행한 빛의 굴절 실험

## 물질의 비밀

### 빛의 이중성

프랑스의 학자 **데카르트**는 빛의 성질에 관해 완전히 다른 주장을 내놓았어요. 빛이 우주를 가득 채우고 있는 입자들의 진동으로 생겨난다고 한 것이었지요! 그의 주장에 오류가 없지는 않았어요. 빛이 순식간에 전달된다고 생각했거든요. 그래서 무한대의 속도를 가진다고요. 하지만 입자와 파동의 성질을 동시에 언급했다는 점에서 빛의 이중성을 예측했다고 볼 수도 있답니다.

하위헌스는 빛이 수면에 번지는 물결과 비슷한 방식으로 작용한다고 생각했다.

### 파동의 승리?

19세기에는 빛의 파동설 쪽에 더 많은 힘이 실렸어요. 1802년 영국의 물리학자 **토머스 영**이 진행한 '이중 슬릿 실험' 덕분이었지요. 불투명한 판지에 작은 구멍을 두 개 뚫어서 하나의 광원에서 나오는 빛을 통과시키는 거예요. 그러면 맞은편 스크린에 어두운 부분과 밝은 부분이 교대로 나타나는 '간섭무늬'가 생기지요. 이 현상은 파동의 작용으로만 설명할 수 있거든요. 간섭무늬는 두 개의 구멍을 통과한 파동들이 만나면서 일어나는 현상이니까요. 파동들이 서로 겹쳐지면서 밝아지기도 하고, 서로가 서로를 지워 어두워지기도 하는 과정을 통해 만들어지거든요.

### 광자의 반격!

광전 효과는 물질에 일정한 진동수 이상의 빛을 비추었을 때 전자가 튀어나오는 현상이에요. 1905년 **아인슈타인**은 '알갱이'의 존재가 있어야만 광전 효과가 설명된다는 사실을 증명했어요. 빛의 입자설에 힘을 실어 준 것이지요. 당시의 학자들은 아인슈타인의 의견을 완전히 믿지는 않았어요. 하지만 결국 인정할 수밖에 없었답니다. 1926년 미국의 화학자 길버트 루이스가 '광자'라고 이름 붙인 빛의 입자가 정말로 존재한다는 사실을 말이에요!

### 파동이기도 하고 입자이기도 하고

실험으로 얻어 낸 빛의 **성질**에 관한 증거들은 당황스러운 결론에 이르게 만들었어요. 빛은 어떻게 보느냐에 따라 파동으로도 볼 수 있고 광자의 흐름으로도 볼 수 있었거든요! 즉 빛은 파동의 성질과 입자의 성질 두 가지 모두를 가지고 있어요. 파동의 성질로 본다면 빛은 전자기파에 해당하고 입자의 성질로 보면 광자라고 부른답니다.

# 뉴턴의 혁명

### 과학의 신이 태어나다

뉴턴은 1643년 영국에서 태어났어요. 케임브리지 대학교에서 수학 교수로 일했고, 영국 왕립 학회의 회장에까지 오르는 등 큰 영향력을 행사했답니다. 하지만 성격이 까다롭고 혼자 있기를 좋아해서 건방지고 잘난 체한다는 말을 듣기도 했다고 해요.

### 만유인력의 법칙

뉴턴이 1687년에 펴낸 《프린키피아》의 원래 제목은 '필로소피아이 나투랄리스 프린키피아 마테마티카'예요. '자연 철학의 수학적 원리'라는 뜻이랍니다. 뉴턴의 천재성을 알 수 있는 그의 대표작이지요. 이 책에서 뉴턴은 두 물체 사이에는 질량의 곱에 비례하고 거리의 제곱에 반비례하는 인력이 작용한다는 이론을 소개했어요. 한마디로 모든 물체 사이에는 서로 끌어당기는 힘(인력)이 작용한다는 것이지요. 이것이 바로 그 유명한 **만유인력의 법칙**이에요. 지구와 우주에 있는 모든 물체의 운동(움직임)을 설명해 줄 수 있는 수학적인 틀을 찾아낸 것이지요!

$\dfrac{F}{M} = g$

**모두 같은 법칙이 적용된다!**

뉴턴은 지구 위에 있는 물체들의 운동과 하늘에 있는 천체들의 운동을 동일한 법칙으로 설명할 수 있다는 사실을 보여 주었어요. 즉 만유인력의 법칙과 관성의 법칙으로 물체의 운동을 연구하는 역학과 우주를 연구하는 천문학을 하나로 엮은 것이지요.

### 뉴턴은 진짜 떨어지는 사과를 보았을까?

뉴턴은 고향 마을 과수원에서 만유인력의 법칙을 깨달은 것으로 유명해요. 어느 달 밝은 밤에 사과나무에서 사과가 떨어지는 것을 보고 달을 하늘에 떠 있게 하는 힘과 사과를 땅에 떨어지게 만드는 힘이 같다는 사실을 알아차렸다는 거예요. 하지만 사실 이 이야기는 진짜로 있었던 일이 아니라 **지어낸 이야기**라는 말이 있어요.

### 물체는 어떻게 계속 날아갈 수 있을까?

아리스토텔레스가 주장한 물리학에서는 힘이 계속 가해질 때만 물체가 계속 움직일 수 있다고 보았어요. 대포에서 쏜 포탄이 계속 날아갈 수 있는 것은 뒤에서 포탄을 밀어 주는 공기의 작용 때문이라는 것이지요. 1355년 프랑스의 물리학자 장 뷔리당은 다른 의견을 내놓았어요. 포탄이 발사되는 순간 포탄에 저장되어 있던 힘이 포탄을 계속 날아가게 하는 거라고 말이에요. 일종의 운동량을 뜻하는 '임페투스'라는 개념을 주장한 것이지요. 하지만 이 설명도 르네상스 시대에 이르러 힘을 잃었답니다. 이탈리아의 조르다노 브루노와 갈릴레이의 연구를 통해 관성의 법칙이 밝혀졌거든요. 어떤 힘을 받아 움직이는 물체는 그 힘에 반대되는 힘을 받지 않는 한 운동 상태를 계속 유지한다는 법칙 말이에요.

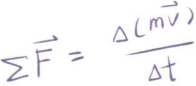

$\Sigma F = \dfrac{\Delta(mv)}{\Delta t}$

물질의 비밀

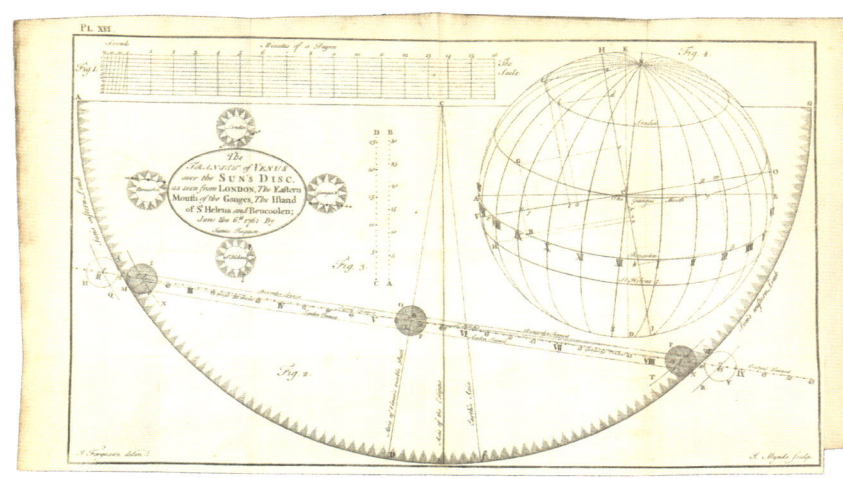
천체의 운동을 나타낸 뉴턴의 그림

### 처음에는 비웃음을 당했지만

$\Sigma \vec{F} = m\vec{a}$

뉴턴의 이론은 우주의 거의 모든 운동을 설명할 수 있어요. 적어도 눈으로 볼 수 있는 운동이라면 말이지요. 하지만 그 모든 운동의 원인이 되는 힘을 설명하지 못한다는 한계가 있었어요. 게다가 멀리 떨어져 있는 두 물체 사이에서 일어나는 작용이 단순히 질량 때문이라는 설명은 쉽게 받아들이기 힘들었고요. 천문학적인 거리로 떨어져 있는 우주의 존재들을 생각하면 더욱 그렇지요. 그래서 뉴턴의 이론은 처음에는 사람들의 비웃음을 샀답니다. 17세기 중반이 되어서야 비로소 제대로 인정받았지요.

**아마도 연금술 때문에?**

뉴턴은 물리학과 수학 분야의 연구로 역사에 이름을 남겼지만 사실 연금술에도 관심이 많았답니다. 뉴턴이 당시 과학자들 사이에서 그다지 믿음을 얻지 못한 것은 그가 연금술을 연구했기 때문일 수도 있어요. 연금술은 그때 이미 시대에 뒤떨어지고 과학적이지 않은 것으로 취급되고 있었거든요.

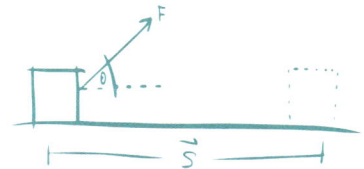

### 미적분은 누가 먼저?

뉴턴이 만유인력의 법칙을 발표하기 전에 독일의 천문학자 케플러는 천체들이 타원을 그리며 움직인다는 사실을 밝혀냈어요. 뉴턴은 케플러가 발견한 이 사실을 조금 더 명확하게 하기 위해 유율법이라는 수학적 계산법을 만들어 냈고요. 유율법은 곡선의 변화를 아주 작은 구간으로 쪼개어 알아내는 방법이에요. 뉴턴은 이 방법을 1687년 《프린키피아》에서 소개했어요. 그런데 공교롭게도 독일의 철학자이자 수학자인 고트프리트 라이프니츠도 1684년에 '미분법'이라는 이름으로 같은 내용을 발표했었답니다. 그래서 두 사람은 누가 먼저 이 방법을 생각해 냈나를 두고 논쟁을 벌이게 되었지요. 영국과 독일 사이의 무역에 문제가 생길 정도로 치열한 논쟁이었답니다! 지금은 두 사람 모두 미적분의 창시자로 인정받고 있어요. 하지만 기호는 독일의 라이프니츠가 만든 체계가 사용되고 있지요.

# 연금술 : 물질의 미스터리

### 어디서 유래했을까?

연금술을 뜻하는 '알케미(alchemy)'는 그리스어에서 왔어요. 그런데 그 어원이 확실하지는 않답니다. '검은 흙(黑土)의 나라(이집트)'를 뜻하는 그리스어 'chemia'에서 유래되었다는 주장도 있고, '융합'을 뜻하는 그리스어 'chumeia'나 '즙'을 뜻하는 'chumos'에서 파생되었다는 주장도 있거든요. 앞에 붙은 'al'은 이슬람 학자들이 번역 과정에서 덧붙인 정관사예요. 17세기에 연금술이 '화학(chemistry)'으로 불리면서 다시 지워졌지요.

### 연금술의 기원

2~3세기 무렵 이집트의 알렉산드리아에서는 고대 그리스와 이집트, 중동의 신비주의적인 전통 사상과 종교적인 요소가 만나 새로운 것들이 활짝 꽃을 피웠어요. 이때 탄생한 것이 바로 **연금술**이랍니다.
헤르메스 트리스메기스투스는 그리스의 신 헤르메스와 문자와 수학을 수호하는 이집트의 신 토트 사이에서 태어났다는 신적인 존재예요. '트리스메기스투스'는 '세 번 위대한'이라는 의미인데, 이 헤르메스 트리스메기스투스를 섬기던 사제들이 연금술의 첫 조상이라고 할 수 있지요. 그래서 연금술을 '헤르메틱 아트(hermetic art)'라고도 부른답니다.

### 연금술과 원소

연금술사들은 고대 그리스의 철학자들이 말한 흙, 공기, 물, 불이라는 네 가지 원소 말고도 몇 가지 '원질'의 존재를 믿었어요. 원질은 사물이나 현상의 근본을 이루는 바탕을 말해요. 그들은 물질이 그런 성분들이 다양한 비율로 결합해서 이루어지는 것이라고 생각했답니다. 연금술의 문헌에는 2세기부터 수은과 황, 15세기부터는 '소금'이 등장해요. 이것들이 바로 '원질'에 해당하지요. 그런데 연금술사들이 말한 **원소**는 오늘날 우리가 알고 있는 원소의 개념과 조금 달라요. 예를 들어 연금술사들이 '살아 있는 은'이라고 부른 수은은 '수은 원질'을 이루는 한 요소일 뿐이거든요.

### 금이 되어라!

연금술사들은 금속을 황과 수은 성분의 비율에 따라 '순도'라는 기준으로 분류했어요. 이 기준에 따르면 황이 가장 풍부한 철은 '질이 제일 낮은' 금속이었고 수은이 풍부한 금은 가장 '완벽한' 금속으로 여겨졌지요. 그래서 연금술사들이 최종적으로 이루고자 한 **위대한 과업**은 금이 아닌 금속을 금으로 바꾸는 것이었답니다. 연금술사들은 값싼 금속을 금으로 바꾸어 주는 '현자의 돌'이 있다고 믿었어요. 이 돌을 찾아내기 위해서는 마음을 깨끗하게 해야 했기 때문에 연금술사들은 정신적인 수련도 게을리하지 않았다고 해요.

현자의 돌을 이루는 세 원소 수은, 황, 소금을 상징하는 세 괴물

# 물질의 비밀

## 연금술사들이 전해 준 기술

연금술사들은 현자의 돌을 찾는 과정에서 몇 가지 화학적인 기술의 달인이 되었어요. 액체를 데워서 생긴 기체를 다시 액체로 만드는 증류법이라든가 고체를 곧바로 기체로 만드는 방법(승화) 같은 것들 말이에요. 그들은 액체 속 물질을 가라앉히는 침전이나 승화로 물질을 응결시키는 방법, 물질을 액체에 녹여 용액으로 만드는 방법도 알고 있었답니다. 그리고 이때 알아낸 방법들은 후대의 과학자들 사이에서도 유용하게 쓰였어요.

## 금속 대신 약제 연구를

16세기에 들어 연금술은 큰 변화를 맞이해요. 주로 금속을 다루던 연금술이 '의료 화학'으로 옮겨가게 되었거든요. 스위스의 연금술사 **파라켈수스**가 이 시기를 대표하는 인물이에요. 그는 금속을 변화시키는 것보다는 약제 연구에 더 관심이 많았어요. 이런 인물들의 등장이 연금술의 변화를 이끌었답니다.

16세기에 연금술사이자 의사로 활동한 파라켈수스

## 연금술사의 도구

연금술사들은 물질을 변화시키는 작업을 위해 실용적이면서도 상징성이 있는 **도구**들을 사용했어요. 예를 들면 수정이나 흙으로 만든 알 모양의 용기에 현자의 돌을 만들기 위한 재료를 담고, 연금술을 위해 특별히 만든 '아타노르'라는 화로에 넣고 가열하는 식이었지요. 특히 여러 종류의 증류기들을 사용했는데, 펠리컨처럼 생긴 것부터 똑같은 모양의 증류기 두 개를 연결한 쌍둥이 증류기까지 종류가 다양했답니다.

## 뉴턴이 연금술을?

연금술이 시대에 뒤처진 것으로 여겨지던 때에도 연금술 연구에 몰두하는 사람들은 여전히 많았답니다. 그중에는 과학사에 손꼽히는 업적을 남긴 위인들도 있었어요. 덴마크의 튀코 브라헤와 영국의 아이작 뉴턴이 바로 그 대표적인 인물들이랍니다. 브라헤는 자신이 직접 만든 수은 성분의 약을 먹고 수은 중독을 겪었다는 기록이 있어요. 뉴턴은 만유인력 이론을 연구하다 틈이 나는 대로 현자의 돌을 찾아다녔다고 하고요.

# 라부아지에 : 모든 것은 변화할 뿐이다!

### 신비주의에서 과학의 한 분야로

중세의 연금술은 마치 마법처럼 신비주의적인 모습을 띠었어요. 하지만 프랑스의 화학자 앙투안 라부아지에를 비롯한 여러 학자들의 연구를 통해 근대 과학의 한 분야인 **화학**으로 자리 잡게 되었지요. 그 과정에서 많은 발전이 있었답니다. 특히 기체에 관한 지식이 크게 발전했어요. 여러 화학자들의 활약 덕분이었지요. 유리로 만든 종에 기체를 모으는 방법을 개발한 아일랜드의 로버트 보일, '고정 공기'라 불렸던 이산화탄소를 발견한 스코틀랜드의 조지프 블랙 같은 사람들이요. 금속과 산을 반응시켜 불에 타는 '가연성 공기'인 수소를 만들어 낸 영국의 헨리 캐번디시, '탈플로지스톤 공기'라고 불렸던 산소를 발견한 영국의 조지프 프리스틀리도 빼놓을 수 없지요.

### 플로지스톤

라부아지에는 프랑스의 화학자예요. 당시에는 독일의 게오르크 슈탈이 주장한 **플로지스톤설**이라는 이론이 화학을 지배하고 있었지요. '플로지스톤'은 그리스어로 '불'을 뜻하는 '플로스(phlos)'에서 나온 단어예요. '플로지스톤설'은 이 '플로지스톤'이라는 원소가 연소 현상을 비롯한 몇몇 화학 반응의 원인이라는 주장이에요. 물질들이 타는 것은 플로지스톤이 불꽃의 형태로 소모되는 현상이라는 것이지요. 이 이론은 많은 현상을 설명하는 데 도움이 되었지만 문제가 있었어요. 연소가 일어나는 동안 질량이 늘어나는 물질의 경우 플로지스톤이 타서 없어지는 게 아니라 타서 늘어난다는 뜻이 되니까요!

###  물질은 보존된다

"모든 것은 소멸되지도 생성되지도 않으며 그저 변화할 뿐이다."
프랑스의 화학자 라부아지에가 한 유명한 말이에요. 하지만 실제로 라부아지에가 《화학원론》에서 한 말은 "새롭게 생성되는 것은 없고 […] 상태의 변화만 있다."라고 해요. 사실 이 원칙은 라부아지에가 처음 내세운 것이 아니에요. 고대 그리스 철학자 아낙사고라스가 기원전 5세기에 이미 내놓은 것이었지요. 하지만 라부아지에가 저울을 이용해 그 내용을 실험적으로 증명했다는 점에서 의미가 있답니다.

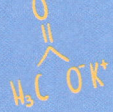

### 원소에 이름을 붙이다

라부아지에의 중요한 **업적** 중 하나는 여러 원소와 화합물에 이름을 붙이는 체계적인 방법을 만들어 낸 거예요. 물론 전부터 연금술사들이 사용하던 이름이 있기는 했어요. 하지만 표현이 너무 문학적이라 분석적이고 합리적인 화학과는 잘 맞지 않았답니다. 또 나름 과학적으로 화학을 개척했다고 할 수 있는 사람들이 제안한 이름들도 있었어요. 하지만 각자 자신의 이론과 연관 지어 저마다 다른 이름을 쓰는 문제가 있었어요. 라부아지에가 이 문제를 해결했지요!

라부아지에가 물의 합성 실험에 사용한 도구

## 물질의 비밀

### 원소 이론을 재정립하다

라부아지에는 기존의 **원소** 이론을 새롭게 정리했어요. 고대 그리스의 철학자들이나 연금술사들이 생각한 원소의 체계를 새로운 것으로 대체하고 원소와 화합물의 개념도 구분했지요. 특히 그는 오랫동안 기본 원소라고 여겨지던 물과 공기가 사실은 원소가 아니라는 사실을 증명하기도 했답니다. 물은 산소와 수소의 화합물, 공기는 산소와 질소의 혼합물이라는 것을 밝혀낸 것이지요.

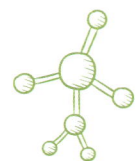

### 사실은 잘못된 이름

라부아지에는 **산소**의 중요성을 알아차렸어요. 프리스틀리가 발견한 '탈플로지스톤 공기'가 연소 현상뿐만 아니라 다른 많은 화학 반응에서도 중요한 역할을 한다는 사실을 발견한 것이지요. 처음에는 호흡과 관계가 깊다는 뜻에서 산소에 '생명의 공기'라는 이름을 붙였어요. 그러다 1779년에 신맛이 나는 산(酸)을 만들어 내는 원소라는 의미에서 '산소'라고 이름을 바꾸었답니다. 그래서 '산소(oxygen)'에 그리스어로 '산'을 뜻하는 '옥수스(oxus)'의 의미가 들어 있는 거예요. 그런데 라부아지에의 이런 생각은 잘못된 것이었어요. 산소는 그가 관찰한 황산($H_2SO_4$) 같은 일부 산의 합성에만 관여하기 때문이에요. 그리고 사실 산에 꼭 들어가는 원소는 산소가 아니라 수소거든요. 어쨌든 그가 만든 산소라는 이름은 지금까지 그대로 쓰이고 있답니다.

### 공기의 성분

19세기 말까지 사람들은 **공기**가 산소, 질소, 이산화탄소, 수증기로만 이루어져 있다고 생각했어요. 하지만 20세기에 들어 프리즘을 이용해 빛을 분리하는 분광학 같은 탐지 방법들이 발전하면서 아르곤, 네온, 헬륨, 라돈 같은 새로운 성분들도 있다는 것을 알게 되었지요. 이 기체들은 희박하게 존재한다는 의미에서 '희유기체'로 불리거나 또는 화학 반응을 하지 않는다는 뜻으로 '비활성기체'라고 불려요.

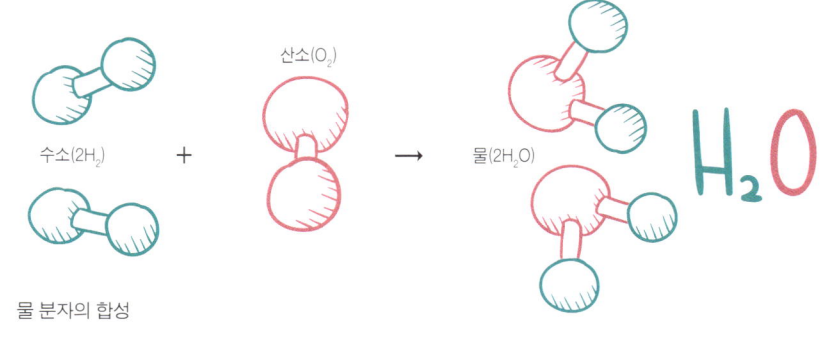

물 분자의 합성

### 혁명에 적극 참여했지만

라부아지에는 왕정 시대를 무너뜨린 프랑스 대혁명에 적극적으로 참여했어요. 하지만 혁명이 성공한 후 1794년에 단두대에서 처형되었지요. 왕정 시대에 세금 징수원으로 일했다는 이유로 다른 세금 징수원들과 함께 비극적인 최후를 맞이하고 말았답니다.

# 시간의 측정

15세기의 시계 개장식. 숫자판이 사면으로 붙어 있는 거대한 크기의 기계식 시계로, 아래쪽에 우물처럼 나 있는 공간은 추가 떨어지는 거리를 늘리기 위한 것이다.

### 모래시계로 시간을 재다

이탈리아의 탐험가 크리스토퍼 콜럼버스는 아메리카 대륙까지 가는 동안 모래시계로 시간을 계산했어요. 하지만 모래시계를 30분마다 뒤집어 가며 시간을 재야 했기 때문에 계산이 썩 정확하지는 않았다고 해요.

### 해시계

최초의 해시계는 3500년 전에 등장했어요. 시계의 바늘이 지역의 위도에 맞춰 비스듬하게 기울어져 있었고, 시간 간격도 계절마다 다르게 그려져 있었답니다. 태양의 고도와 낮의 길이는 위도와 계절에 따라 달라지니까요.

### 기계식 시계의 등장

시간을 정확하게 잴 필요성이 커지면서 시계를 만드는 기술도 나날이 발전했어요. 그 과정에서 추가 아래로 떨어지는 낙하 운동과 톱니바퀴를 이용해 종을 울리거나 바늘을 돌리는 기계식 시계가 개발되었답니다. 나중에는 바늘의 개수도 늘어났고요. 14세기에는 유럽의 많은 대도시에 기계식 시계가 설치되기 시작했어요. 그런데 초창기의 기계식 시계들은 정확성이 떨어졌기 때문에 해시계와 함께 설치하는 경우가 많았답니다.

### 육십진법

시간은 60을 기본 단위로 하는 육십진법을 써요. 이 육십진법은 여러 가지 장점이 있답니다. 우선 60이라는 숫자는 약수가 12개나 되지요. 10은 4개뿐인데 말이에요. 심장도 일 분에 평균 60번을 뛰고요. 12를 단위로 숫자를 세면 60을 세는 것도 쉽답니다. 엄지손가락으로 나머지 손가락들의 마디를 짚어 가며 12까지 셀 수 있으니 다섯 번만 반복하면 60이잖아요. 육십진법이 사용된 역사는 4000년도 넘는답니다. 지금도 시간과 기하학의 각도, 지리학의 좌표 단위 등에 쓰이고 있고요.

### 수직 낙하 대신 진자 운동

기계식 시계를 만들 때는 시계를 작동시키는 추의 낙하 운동을 잘 조절해야 해요. 속도가 점점 빨라지는 가속 운동이 아니라 항상 일정한 속도로 움직이는 등속 운동을 하도록 말이에요. 그래서 추의 낙하를 규칙적으로 멈추게 하는 장치가 개발되었지요. 나중에는 수직 낙하 운동 대신 공중에 매달린 진자가 같은 길을 왕복하는 '진자 운동'을 이용한 시계가 등장하게 되었고요.

# 물질의 비밀

### 작아진 시계

1675년 네덜란드의 수학자 크리스티안 하위헌스는 시계에 스프링을 넣어 시계 장치를 작동시키는 아이디어를 생각해 냈어요. 이 방식은 시간의 오차를 크게 줄였지요. 게다가 시계를 작게 만들 수 있어서 시계의 보급에도 큰 역할을 했답니다.

### 원자 시계

원자 시계는 1947년에 개발되었어요. 원자의 진동수가 일정하다는 사실에서 힌트를 얻었지요. 1955년부터는 세슘 원자를 이용하고 있는데 지금까지도 세슘 원자 시계가 제일 많이 쓰여요. 스트론튬이나 이터븀을 이용한 원자 시계도 연구 중이에요.

### 1초가 변한다고?

1초에 대한 정의는 기술의 발전과 함께 변화해 왔어요. 예를 들어 1889년에는 평균 태양일의 8만 6400분의 1을 1초로 정했었지요. 1900년에는 태양년의 3155만 6925.9747분의 1로 변경되었고요. 지금은 세슘133 원자가 91억 9263만 1770번 진동하는 데 걸리는 시간을 1초로 정의한답니다. 하지만 앞으로 또 바뀔 수도 있어요!

### 쿼츠 시계의 등장

반질반질 유리 광택이 나는 광물인 석영은 재미있는 성질을 가졌어요. 진동하게 만들면 전기가 발생하고, 전기를 가하면 진동이 발생하거든요. 1880년 프랑스의 물리학자 피에르 퀴리와 자크 퀴리가 발견한 압전 효과(기계적 에너지를 전기적 에너지로 변환시키는 현상)에 의한 현상이지요.

석영의 이런 속성을 이용하여 1928년에 쿼츠 시계가 발명되었어요. 석영을 영어로 쿼츠(quartz)라고 하거든요. 최초의 쿼츠 손목시계는 1969년 일본에서 만들었는데 가격이 매우 비쌌다고 해요.

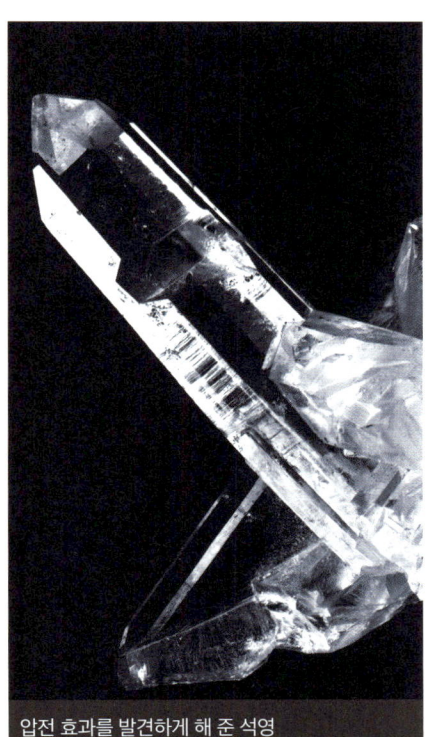

압전 효과를 발견하게 해 준 석영

### 시간의 표준화

국제 원자시는 세계 각지에 있는 수백 대의 원자 시계의 시각을 비교하고 종합해서 만든 표준 원자시예요. 이것을 기준으로 1시간의 길이가 정의되지요. 원자시는 지구의 실제 자전을 기준으로 하는 세계시와는 관계가 없어요. 그래서 전 세계가 공통으로 사용하는 협정 세계시에서는 인위적으로 1초를 더하거나 빼는 방식으로 원자시와 세계시의 오차를 조정한답니다.

# 공기 중의 전기

### 호박과 전기

전기라는 것이 존재한다는 사실은 고대부터 알려져 있었어요. 나무의 진액 같은 것들이 오랜 시간 땅속에 묻혀 굳어진 노란색 광물을 호박이라고 해요. 고대 그리스의 탈레스는 이 호박을 모피로 문지른 후에 머리에 가까이 가져가면 머리카락이 달라붙는다는 사실에 관심을 가졌어요. 이 마찰 전기가 바로 최초로 발견된 전기 현상이라고 할 수 있지요.

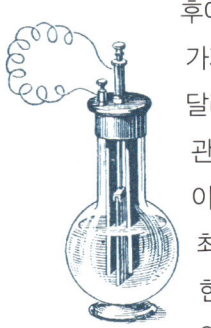

전기를 뜻하는 '일렉트릭시티(electricity)'라는 말도 호박을 뜻하는 그리스어 '일렉트론(electron)'에서 왔답니다. 영국의 윌리엄 길버트가 1600년에 《자석에 관하여》에서 전기 현상과 자기 현상을 구분하면서 처음 사용했다고 해요.

### 양의 전기, 음의 전기

나무에서 분비되는 끈적한 액체나 그 액체가 굳어진 것들을 '수지'라고 해요. 1733년 프랑스의 물리학자 샤를 프랑수아 드 시스테르네 뒤페는 유리를 문질렀을 때 생기는 전기와 호박 같은 수지를 문질렀을 때 생기는 전기 사이에 차이가 있다는 것을 발견했어요. 나중에 이 둘은 각각 '양의 전기'와 '음의 전기'로 불리게 되지요. 뒤페는 동료 학자인 장 앙투안 놀레와 함께 손과 손 사이에서 정전기 불꽃이 튀게 만드는 실험을 공개적으로 진행하기도 했답니다.

### 라이덴 병

1745년 독일의 **에발트 게오르크 폰 클라이스트**는 '라이덴 병'이라고 불리는 것을 만들어 냈어요. 1746년 네덜란드의 피터르 판 뮈스헨브루크도 클라이스트와는 상관없이 혼자서 같은 것을 만들었고요. 당시의 표현대로 하자면 '전기를 띠는 물'을 유리병에 담아 둔 것이지요. 말하자면 전기 에너지를 모아 두는 축전기 같은 장치였어요. 최초의 인공적인 전원이었지만 전기를 계속해서 발생시키지는 못했답니다.

### 프랭클린과 번개

18세기 미국의 정치가 **벤저민 프랭클린**은 번개에 관해 많은 연구를 한 것으로 유명해요. 1752년에는 폭풍우 속에서 연을 띄워 번개를 모으는 위험천만한 실험을 하기도 했답니다! 이 실험으로 발명한 것이 바로 번개를 피할 수 있게 해 주는 피뢰침이에요. 또 이 실험 덕분에 번개와 정전기가 위력은 크게 다르지만 결국 같은 성질의 현상이라는 것도 증명해 냈고요. 이 모든 것들을 무사히 해 낼 수 있었던 프랭클린은 무척 운이 좋은 편이었어요. 왜냐하면 러시아의 물리학자 게오르크 빌헬름 리히만은 이 연 실험을 다시 해 보려다가 감전되어 목숨을 잃었거든요!

## 물질의 비밀

### 전기 현상의 법칙을 찾아서

학자들은 18세기부터 **전기 현상**을 연구하면서 법칙을 찾기 시작했어요. 프랑스의 샤를 드 쿨롱은 전기를 찾아낼 수 있게 해 주는 검전기를 개발했지요. 또 '비틀림 저울'이라는 장치를 발명해 '쿨롱의 법칙'을 발견하기도 했고요. 같은 전하끼리는 서로 밀어내고 반대 전하끼리는 서로 끌어당긴다는 법칙 말이에요. 이때 전하들 사이에 작용하는 힘은 거리의 제곱에 반비례해요. 뉴턴의 만유인력 법칙에 따라 두 질량 사이에 작용하는 힘과 마찬가지지요. 그래서 '역제곱 법칙'이라고도 불린답니다. 이를 따로 연구한 영국의 헨리 캐번디시도 쿨롱과 같은 결론을 얻었다고 해요.

### 갈바니즘과 프랑켄슈타인

1780년 이탈리아의 생리학자 루이지 갈바니는 볼로냐 대학에서 개구리로 실험하던 중 흥미로운 현상을 발견했어요. 개구리의 근육이 금속과 접촉하면 오그라드는 거예요. 갈바니는 동물의 전기 때문에 이런 수축 현상이 발생한다고 생각했어요. 그래서 1791년과 1797년에 논문을 통해 '동물 전기'에 대한 연구를 발표했지요. 이 이론은 갈바니의 이름을 따 '갈바니즘'이라고 불렸어요. 갈바니즘에 영향을 받은 일부 사람들은 전기에 '생명의 기운'이 있다고 믿었어요. 작가들도 갈바니즘에서 많은 영감을 받았다고 하고요. 그렇게 탄생한 유명한 소설이 바로 1818년 메리 셸리가 쓴 《프랑켄슈타인》이에요.

### 개구리 실험

1800년 이탈리아 파비아 대학의 교수였던 **알레산드로 볼타**는 모든 전기 현상에 관심이 아주 많았어요. 그래서 갈바니의 개구리 실험도 직접 해 보았지요. 하지만 갈바니가 내린 결론에는 동의하지 않았답니다. 근육의 수축은 동물 전기 때문이 아니라 실험 도구에 의해 일어난 인공적인 현상이라고 보았거든요.

1800년, 프랑스에서 가장 권위 있는 학술 기관으로 꼽히는 아카데미 프랑세즈에서 자신이 만든 전지를 보여 주고 있는 볼타

### 볼타 전지

볼타는 전기가 생물의 조직과는 상관이 없고 **금속** 때문에 발생하는 것이라고 보았어요. 그래서 자신의 생각을 증명하기 위해 개구리를 뺀 실험 장치를 고안했지요. 구리판과 아연판을 소금물에 적신 판지와 번갈아 겹겹이 쌓아 올린 장치로 전기를 만들어 낸 거예요. 건전지의 조상이라고 할 수 있는 '볼타 전지'는 이렇게 탄생했어요. 이 볼타 전지는 개구리의 근육을 수축시킬 수 있는 건 물론이고 철사도 녹일 수 있을 만큼 강한 전기도 만들 수 있었답니다. 물론 구리판과 아연판을 충분히 높게 쌓았을 때 말이에요. 프랑스의 황제 나폴레옹은 볼타 전지의 이런 성능에 크게 감명을 받았다고 해요. 그래서 1801년 볼타에게 백작의 작위까지 하사했어요!

볼타 전지

# 마리 퀴리 : 두 개의 노벨상을 받다

### 마리 퀴리

세계적 명성을 자랑하는 물리학자 **마리 퀴리**는 1867년 11월에 폴란드 바르샤바에서 태어났어요. 폴란드 이름은 마리아 살로메아 스크워도프스카이고 어렸을 때부터 모범적인 학생이었다고 해요. 가정 형편이 어려웠지만 열심히 공부하면서 과학자의 꿈을 키웠고요. 1891년 파리 소르본 대학교에 입학해 물리학 학사 학위를 땄지요. 이후 수학도 전공해서 박사 학위까지 받았답니다.

### 부부가 되다

**피에르 퀴리**는 파리 대학에서 물리학을 가르치던 중에 마리 퀴리를 만났어요. 자기 현상을 연구하고 있던 두 사람은 함께 작업을 하기로 결정했지요. 그리고 1895년 두 사람은 결혼해 부부가 되었답니다.

연구실에 있는 마리 퀴리

### 유일한 여성 과학자

피에르 퀴리는 1906년에 사망했어요. 마리 퀴리는 남편의 후임으로 소르본 대학의 교수 자리에 올랐지요. 소르본 대학교 최초의 여성 교수가 된 것이랍니다. 마리 퀴리는 혼자 두 딸을 키우면서 연구 활동을 계속해 1911년 라듐에 대한 연구로 노벨 화학상을 받았어요. 이로써 마리 퀴리는 여성 과학자로서는 유일하게 두 개의 노벨상을 받았지요. 첫 노벨상은 라듐과 폴로늄을 발견한 공로로 프랑스의 물리학자 앙리 베크렐과 함께 수상했어요.

### 방사능을 발견하다!

마리 퀴리는 박사 논문 주제로 우라늄의 **방사 현상**을 연구하고 있었어요. 그러다 우라늄염에 알려지지 않은 원소가 있을지도 모른다는 생각을 하게 되었지요. 그래서 피에르 퀴리와 함께 연구를 했는데 그 결과 우라늄보다 방사성이 훨씬 강한 두 개의 새로운 원소를 발견하게 되었답니다. 이 원소들은 물질을 이온화하는 속성을 가졌기 때문에 '방사능'이라는 이름이 붙었어요. 1903년 마리 퀴리는 이 연구로 박사 학위를 받았어요. 게다가 피에르 퀴리, 앙리 베크렐과 함께 노벨 물리학상까지 수상했고요!

### 라듐과 폴로늄

퀴리 부부는 '불운의 암석'이라는 뜻을 가진 피치블렌드에서 **라듐**과 **폴로늄**을 발견했어요. '폴로늄'이라는 이름은 마리 퀴리의 조국인 폴란드에서 따왔답니다.

물질의 비밀

### 리틀 퀴리

마리 퀴리는 자신의 발견을 의학적으로 응용하는 일에 관심이 많았어요. 그래서 제1차 세계 대전 중에는 간호사들에게 X선 촬영기의 사용법을 가르쳤지요. 이동식 X선 촬영 시설을 운영하기도 했고요. X선 장비를 갖춘 트럭을 타고 전쟁터까지 가서 군인들의 몸에 박힌 탄환을 쉽게 찾아낼 수 있도록 해 준 거예요! 그 트럭은 군인들 사이에서 '리틀 퀴리'라는 애칭으로 불렸답니다.

### 퀴리 연구소

1909년 파리 대학교와 파스퇴르 연구소는 라듐 연구소를 공동으로 설립하고 라듐을 암 치료에 활용하기 위한 연구를 시작했어요. 마리 퀴리가 하고 싶어했던 일이었지요. 나중에 퀴리 재단이 세워지면서 이 연구소는 '퀴리 연구소'로 이름이 바뀌었어요. 1921년부터는 공익적인 연구소라는 것을 인정받았고요.

### 마리 퀴리의 마지막

마리 퀴리는 1934년 백혈병으로 사망했어요. 나중에 밝혀진 사실에 의하면 방사성 물질이 백혈병의 원인이었다고 해요. 1995년 마리 퀴리의 유해는 남편 피에르 퀴리의 유해와 함께 프랑스 국립묘지인 팡테옹으로 이장되었어요. 이때 마리 퀴리의 유해는 방사능 유출을 막기 위해 납으로 된 관에 안치되었답니다.

### 연구는 계속된다

퀴리 연구소는 지금도 여전히 암 연구와 치료를 위한 기관으로 활발한 활동을 하고 있어요. 3000명이 넘는 의료인들과 학자들이 소속되어 교육 활동도 함께 하면서 암과 관련된 새로운 정보를 알리고 있지요. 방사선 요법도 바로 이 퀴리 연구소에서 찾아낸 치료법이랍니다.

### 어머니처럼

이렌 졸리오 퀴리는 마리 퀴리의 큰딸이에요. 부모를 닮아 어릴 때부터 과학에 재능을 보였지요. 열일곱 살에 어머니를 도와 전쟁터에서 사람들을 돕고 보호하는 활동을 한 뒤 간호사 자격증을 땄어요. 이후에는 학업을 계속해 어머니의 조수로 방사능 연구를 시작했고요. 그리고 부모님이 그랬던 것처럼 남편인 프레데리크 졸리오와 공동 연구를 해서 1935년 함께 노벨상을 받았답니다. 연구자이자 교육자로 활발한 활동을 펼치던 그녀는 1956년 어머니처럼 백혈병으로 세상을 떠나고 말았어요.

졸리오 퀴리 부부가 만든 가이거-뮐러 계수기. 이온화 방사선을 검출하는 장치다.

# 열역학의 법칙 : 무질서를 향해 가다

### 증기 기관에서 힌트를 얻다

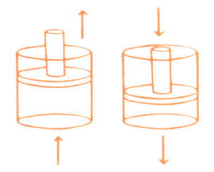

열역학은 열을 에너지의 한 형태로 보고 그와 관련된 연구를 하는 물리학의 한 분야예요. 19세기 산업 혁명 시기에 증기 기관을 관찰하는 과정에서 등장했지요. 증기 기관은 물을 데워서 발생하는 증기의 압력으로 피스톤을 움직여 기계를 작동하게 만드는 원리를 적용한 기계예요. 프랑스의 물리학자 사디 카르노는 이와 같은 증기 기관의 원리에서 열과 일의 상관관계에 관심을 갖게 되었어요. 그리고 이를 바탕으로 열역학의 토대를 구축하게 되었답니다.

물론 초기에는 약간의 오류가 있기도 했어요. 당시에는 열을 '열소'라는 일종의 물질로 보았거든요.

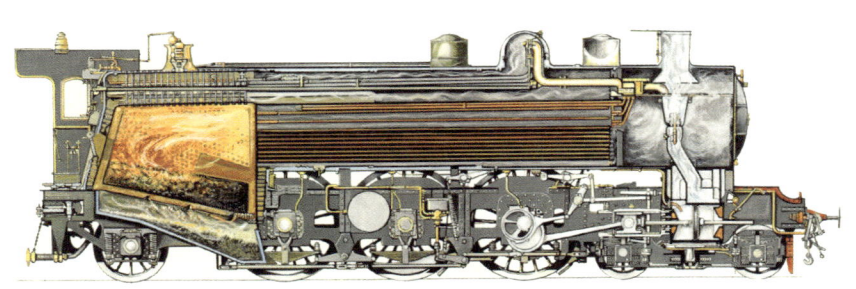

증기 기관차의 작동 원리는 열역학의 법칙에 근거한다.

### 에너지의 변화와 보존

라부아지에는 근대 화학의 창시자라고 불려요. 그는 1789년에 질량 보존의 법칙을 내놓았어요. 화학 반응이 일어날 때 물질은 상태의 변화만 겪을 뿐 소멸되거나 생성되지 않는다는 법칙이지요. 커피에 녹인 설탕을 예로 생각해 볼까요? 설탕의 모양은 녹아 없어지지만 그 성분은 사라지지 않고 여전히 남아서 커피에 단맛을 내잖아요. 이와 같은 원리랍니다. 맛으로 그 성분을 확인할 수 없는 경우에는 질량이나 에너지를 측정하면 되지요.

이 법칙은 우주에 적용해도 통한답니다. 고립된 세계 속의 총 에너지는 변하지 않고 일정하다는 열역학 제1법칙과도 같은 의미를 가지고요.

### 엔트로피와 무질서

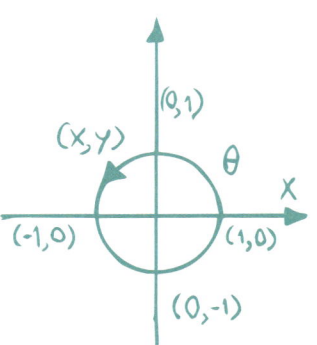

엔트로피는 1865년에 처음 나온 개념이에요. 흔히 무질서의 정도를 나타내는 것으로 설명이 되지요. 물질들 사이에 어떤 반응이 일어난다고 생각해 볼까요? 이때 에너지는 보존이 되지요. 반응은 항상 일정한 방향으로 이루어지고요. 예를 들어 커피에 녹은 설탕은 다시 설탕 결정의 모습으로 돌아가지 않는 것처럼요. 이것을 분자로 설명을 하면 설탕이 커피에 녹은 것은 설탕 분자가 질서 상태에서 무질서 상태로 옮겨간 것이라고 할 수 있어요. 그리고 한번 무질서 상태로 옮겨간 변화는 되돌릴 수 없고요. 이것이 바로 열역학 제2법칙이에요. 즉 어떤 시스템 속의 엔트로피는 계속해서 증가한다는 것이지요. 그래서 엔트로피를 감소시키려면 외부 요인의 작용이 필요하답니다.

## 물질의 비밀

### 정보의 엔트로피

1948년 미국의 수학자 클로드 섀넌은 엔트로피를 정보 통신 분야에 적용한 이론을 내놓았어요. 어떤 출처에서 나온 정보의 상태에 대한 부정확성의 정도를 '정보 엔트로피'라고 정의한 것이지요. 간단히 말하자면 정보의 불확실성을 뜻해요. 정보 엔트로피를 계산하면 한 채널을 통해 퍼질 수 있는 정보의 최대량을 알아낼 수 있어요. 정보를 어디까지 압축할 수 있는지 그 한계도 알 수 있고요.

### 냉장고의 원리

**냉장고**는 열 교환 현상을 이용한 장치예요. 온도가 높은 물체가 온도가 낮은 물체에 열을 전달해 두 물체의 온도가 같아지는 열평형 상태를 이루게 되는 것을 열 교환 현상이라고 말해요. 냉장고의 기기 안에는 차가운 액체가 돌고 있어요. 이 액체가 냉장고 안의 열을 빼앗지요. 이렇게 열을 빼앗아 가열된 액체는 기기 밖으로 열을 방출하면서 다시 차가워지고요. 이 과정이 되풀이되면서 냉장고 안에 있는 음식들이 시원해지는 것이랍니다.
그러니까 냉장고는 안의 열을 밖으로 퍼내는 역할을 하는 일종의 '열 펌프'라고 할 수 있어요.

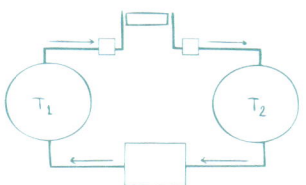

### 생물의 열역학

**생물 에너지학**은 식물이 태양 에너지를 에너지 화합물로 바꾸는 방식인 광합성을 연구하는 학문이에요. 세포가 호흡을 통해 양분을 세포 기능에 필요한 에너지, 즉 ATP로 바꾸는 과정도 연구하고요. 말하자면 열역학의 생물학 버전이라고 할 수 있지요. 생태학이나 의학 같은 분야에서 중요하게 활용된답니다. 세균으로 전기를 생산하기도 하고 새로운 바이오 연료를 개발해 탄소 배출을 줄이는 데도 큰 역할을 하지요. 암이나 미토콘드리아 유전체의 돌연변이 때문에 생기는 질환을 치료하기 위한 연구에도 도움을 줄 수 있고요.

### 블랙홀의 열역학

1970년대에 영국의 이론 물리학자 스티븐 호킹과 이스라엘의 이론 물리학자 야코브 베켄슈타인은 **블랙홀**의 속성과 엔트로피 법칙 사이에 비슷한 점이 있다는 사실에 주목했어요. 그래서 블랙홀의 표면적과 블랙홀의 엔트로피가 서로 비례 관계에 있다는 가설을 내놓았지요. 그런데 블랙홀이 엔트로피를 갖고 있다는 것은 곧 온도를 갖고 있다는 뜻이거든요. 온도를 갖고 있는 것은 열을 밖으로 내놓는다는 뜻이고요. 블랙홀에서는 아무것도 빠져나올 수 없다고 했는데 말이에요!
이후 블랙홀의 열역학에 관해서 여러 가지 가설들이 나왔어요. 하지만 모두를 설득시킬 수 있을 만한 만족스러운 이론은 아직 없답니다.

# 반박 불가의 천재, 아인슈타인

### 공상을 좋아했던 소년

알베르트 아인슈타인은 1879년 독일 울름에서 태어났어요. 아주 어릴 때부터 혼자서 공상에 빠지는 것을 좋아했다고 해요. 그래서 종종 '빛에 올라타면 세상이 어떻게 보일까?' 같은 엉뚱한 질문을 던지곤 했다고 해요. 어릴 때 학업 성적이 좋지 않았다는 말도 있지만 사실은 수학도 아주 잘하는 학생이었답니다.

### 상대성 이론이 표절이라고?

20세기 초 상대성의 문제는 여러 학자들의 관심거리였어요. 그래서 어떤 사람들은 아인슈타인이 다른 사람의 이론을 표절했다고 깎아내리기도 하지요. 물론 네덜란드의 물리학자 헨드릭 로런츠나 프랑스의 수학자 앙리 푸앵카레 같은 사람들이 상대성 이론의 탄생에 영향을 준 것은 사실이에요. 하지만 아인슈타인의 '경쟁자'들은 끝내 보편적 시간의 개념을 포기하지 못했지요. 아인슈타인은 그 개념을 과감하게 재검토하는 독창적이면서도 혁신적인 시도를 했다는 점에서 그들과 확실히 구분된답니다.

### 절대 시간의 개념에 도전하다!

뉴턴의 물리학에서는 '절대 시간'을 주장했어요. 즉 시간은 언제나 같은 속도로 흘러간다는 거예요. 하지만 아인슈타인은 특수 상대성 이론을 통해 이와 같은 개념에 이의를 제기했답니다. 시간은 관찰자의 시점, 특히 관찰자의 속도에 따라 다르게 인식된다는 것이지요. 예를 들어 상대론적 속도, 즉 빛에 가까운 속도로 움직이는 사람에게는 시간이 천천히 흘러요. 이러한 시간 지연 현상은 이른바 '쌍둥이의 역설'에서 잘 드러나지요. 쌍둥이 중 한 명은 지구에 머물러 있고 다른 한 명은 상대론적 속도로 우주여행을 떠났다고 해 볼까요? 이때 우주여행을 떠난 쌍둥이가 한 살을 먹는 동안 지구에 남아 있던 다른 한 명의 쌍둥이는 노인이 되어 버린다는 거예요. 이것이 바로 쌍둥이의 역설이지요. 아인슈타인에 따르면 빛의 속도는 항상 일정한 값을 유지하는 보편 상수이며 절대 넘어설 수 없어요. 빛보다 빨리 이동할 수 있는 것은 아무것도 없다는 말이랍니다.

### 기적의 해

과학의 역사에서 1905년은 '기적의 해'로 불린답니다. 스위스 베른의 특허청 직원이었던 아인슈타인이 혁신적인 논문들을 연이어 발표한 해였거든요. 그중 가장 유명한 것은 특수 상대성 이론이에요. 하지만 다른 연구들도 그에 못지않게 훌륭하답니다. 브라운 운동에 관한 논문은 원자론을 입증하는 결과를 가져왔지요. 광전 효과에 관한 논문은 빛의 성질을 둘러싼 논쟁을 다시 불러일으키면서 양자 역학의 혁명으로 가는 길을 열었고요. 과학사에서 가장 유명한 방정식은 $E=mc^2$이에요. 여기서 E는 에너지, m은 질량, c는 빛의 속도를 뜻하는데, 물질과 에너지가 같은 값을 가진다는 의미예요. 이 방정식이 포함된 논문도 1905년에 발표되었답니다.

### 탄력성을 지닌 우주

**일반 상대성** 이론은 아인슈타인이 1905년부터 1915년까지 구상한 이론이에요. 뉴턴이 풀지 못하고 남겨 둔 수수께끼, 즉 중력의 문제를 해결하기 위한 것이었지요. 이 연구에서 아인슈타인은 놀라운 결론에 도달했어요. 중력이 질량-에너지가 만들어 내는 시공간의 곡률에 지나지 않는다는 것이었지요! 이것은 그전까지 당연하게 생각하던 개념을 또 한 번 뒤집는 것이었어요. 시간과 공간이 보편적인 것이 아니라고 한 셈이니까요. 게다가 우리 우주를 이루고 있는 시공간이 탄력적인 젤리 같은 것이고, 질량을 가진 물체는 그 주변을 '휘어지게' 만들 수 있다고 설명했거든요! 트램펄린 위에 볼링공이 올려져 있다고 상상해 보세요. 이때 트램펄린 위에 구슬을 하나 더 올려놓으면 구슬은 볼링공 쪽으로 굴러가게 되겠지요? 그런데 이건 볼링공이 구슬을 '끌어당겼기' 때문에 일어나는 일이 아니잖아요. 볼링공 때문에 트램펄린의 표면이 찌그러졌기 때문이니까요. 시공간도 바로 이런 식으로 질량을 가진 물체나 에너지에 의해 변형된다는 거예요. $E=mc^2$ 공식에 따르면 질량과 에너지는 같은 값이니까요.

2015년 12월 26일 LIGO가 탐지한 블랙홀과 중력파

### 평생 이론만 내놓았지만

아인슈타인은 과학자로 활동하는 동안 한 번도 실험을 하지 않았어요. 순수하게 이론만 내놓았지요. 하지만 그가 내놓은 주장들은 이후 실험을 통한 검증을 거치며 세상을 놀라게 만들었답니다! 아인슈타인이 이론으로 예측한 것은 빛이 중력에 의해 굴절되는 중력 렌즈 현상, 블랙홀, 레이저 등등 한두 가지가 아니에요. 또 보스-아인슈타인 응축 현상은 물질이 아주 낮은 온도에 있을 때 나타나는 현상이에요. 원래는 인도의 물리학자 사티엔드라 나트 보스의 연구에서 출발했지요. 그러나 아무도 그 가치를 알아주지 않았어요. 그때 아인슈타인이 힘을 실어 주었답니다.

### 중력파

아인슈타인은 어떤 커다란 우주적인 사건이 시공간을 '흔들어' 놓으면 그 파동이 호수 표면에 생기는 잔물결처럼 우주로 퍼져 나간다고 설명했어요. **중력파**의 존재를 예측한 것이지요. 2015년 12월 이 일반 상대성 이론이 맞아떨어지면서 다시 한 번 세상을 놀라게 했답니다. 미국의 레이저 간섭계 중력파 관측소(LIGO)가 두 개의 블랙홀이 합쳐지는 과정에서 발생한 중력파를 실제로 탐지했거든요!

# 빛처럼 빠르게

### 빛과 속도

오랫동안 사람들은 빛에 속도가 있다는 생각을 하지 못했어요. 우리가 일상생활에서 보는 빛은 순식간에 퍼지는 것처럼 느껴지니까요. 빛 혹은 빛의 효과는 볼 수 있어도 빛이 이동하는 모습은 볼 수가 없잖아요. 데카르트는 이런 빛이 우주를 가득 채우고 있는 에테르 입자의 진동이라고 생각했어요. 순식간에 전달되는 무한대의 속도를 지니고 있다고 확신했고요.

### 빛의 속도를 측정하다

1690년 네덜란드의 수학자 크리스티안 하위헌스는 빛의 속도를 계산해 냈어요. 지구의 궤도를 대충 계산한 결과와 덴마크의 천문학자 뢰머의 빛의 속도에 관한 증명을 바탕으로 빛의 속도를 약 23만km/s로 추정한 것이지요. 정확도가 좀 떨어지는 실험 방법이었다는 사실과 당시에 사용된 기기 같은 것들을 고려해 보면 나쁘지 않은 결과였다고 할 수 있어요.

### 최초의 실험

빛의 속도가 무한하다는 고정 관념에 처음으로 의문을 가진 물리학자는 이탈리아의 **갈릴레이**였어요.
갈릴레이는 빛의 속도를 측정하기 위한 실험도 생각했지요. 두 사람이 각각 램프를 들고 1마일, 그러니까 약 1.5킬로미터 떨어진 곳에 서는 거예요. 그런 다음 한쪽에서 램프의 덮개를 벗기면 다른 쪽에서 그 불빛을 보자마자 자신의 램프 덮개도 벗기는 식이었지요. 이렇게 해서 빛이 그 거리를 왕복하는 데 걸리는 시간을 측정했다고 해요.
물론 이 실험으로 정확한 결과를 얻을 수는 없었어요. 거리도 너무 가까웠고 시간을 측정하는 방법도 너무 허술했으니까요. 그래도 갈릴레이는 빛에 측정할 수 있는 속도가 있다는 생각을 버리지 않았어요. 대신 빛이 지나치게 빨라서 측정할 수 없을 뿐이라는 결론을 내렸지요.

## 물질의 비밀

### 점점 더 정확하게

19세기에서 20세기 초까지 학자들은 빛의 속도를 더 정확하게 측정하기 위한 방법을 경쟁적으로 내놓았어요.

- 1849년 프랑스의 물리학자 **이폴리트 피조**는 회전하면서 빛을 주기적으로 차단해 주는 톱니바퀴와 빛을 반사할 거울을 8633미터 떨어진 쉬렌과 몽마르트르에 각각 설치했어요. 그런 다음 빛이 왕복하는 데 걸리는 시간을 측정했지요. 그 결과 빛의 속도는 1초에 약 31만 5000킬로미터(31만 5000km/s)라는 결론을 얻었답니다.
- 1850년 프랑스의 물리학자 **레옹 푸코**는 회전하는 거울과 고정된 거울로 이루어진 장치를 이용해 빛의 속도를 측정하는 실험을 했어요. 그리고 1862년 빛의 속도가 1초당 29만 8000킬로미터(29만 8000km/s)라고 발표했지요. 그는 빛의 속도가 매질에 따라 달라진다는 사실도 알아냈답니다. 예를 들어 빛이 공기 중을 지나는 속도는 물속을 지날 때보다 빨라요. 진공을 지날 때보다는 느리고요.
- 미국의 물리학자 **앨버트 에이브러햄 마이컬슨**은 1878년부터 회전 거울을 이용하는 방법을 더욱 발전시켜 빛의 속도를 측정했어요. 그리고 수많은 시도 끝에 1926년 36킬로미터 떨어진 윌슨 산과 샌안토니오 산에 각각 설치한 두 개의 거울을 이용해 정확한 값을 측정하는 데 성공했지요. 그가 얻어 낸 값은 1초당 29만 9796킬로미터(29만 9796km/s)였어요. 이는 가장 최근에 측정된 값과 불과 몇 킬로미터밖에 차이가 나지 않는 비교적 정확한 값이랍니다!

### 뢰머의 증명

덴마크의 천문학자 올레 뢰머는 목성의 위성이 목성의 그림자에 가려지는 식(蝕) 현상을 연구했어요. 그 결과 처음으로 빛의 속도를 측정하는 데 성공했지요. 뢰머는 식에 걸리는 시간이 목성과 지구 사이의 거리에 따라 달라지는 이유는 빛이 그 거리를 지나는 데 걸리는 시간이 다르기 때문이라는 사실을 알아냈답니다. 드디어 빛의 유한성을 증명한 거예요!
뢰머는 이 증명을 1676년에 발표했어요. 하지만 지구의 궤도에 대한 정확한 정보가 없었기 때문에 빛의 속도를 정확히 계산하지는 못했어요.

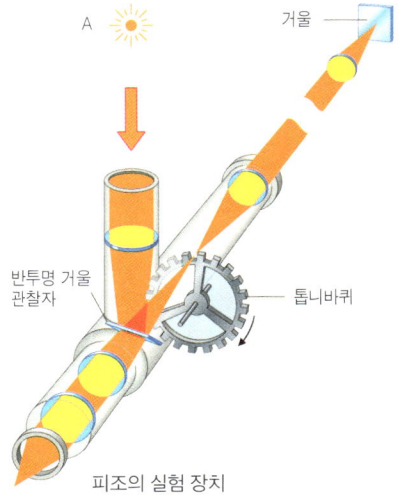

피조의 실험 장치

### 정확해진 빛의 속도

1978년에 레이저가 개발되면서 빛의 속도를 비교적 정확하게 측정할 수 있게 되었어요. 오차 범위가 겨우 1초당 20센티미터(20cm/s)밖에 되지 않는답니다! 현재 밝혀진 빛의 속도는 299,792,458km/s예요. 이 값은 1983년에 열린 제17회 국제도량형총회에서 1미터의 길이를 새롭게 정의하는 데도 사용되었답니다. 이 정의에 따르면 1미터는 '빛이 진공에서 2억 9979만 2458분의 1초 동안 나아간 거리'에 해당해요.

# 양자 역학 : 입자의 세계를 들여다보다

### 새로운 학문의 시작

양자 역학은 입자 및 입자 집단을 다루는 현대 물리학의 기초 이론이에요. **막스 플랑크**는 이 양자 역학의 문을 열었다는 평가를 받는 독일의 물리학자랍니다. 흑체는 자신이 받은 열이나 전자기파를 모두 흡수하는 물체예요. 일정 온도에 도달하면 열이나 전자기파를 방출하지요. 플랑크는 이 흑체 복사 현상을 연구하던 중 흥미로운 법칙을 발견했어요. 빛과 물질 사이의 에너지 교환은 특정한 단위로만 이루어진다는 사실이었지요. 그는 에너지를 연속적인 것으로만 보던 개념을 다시 검토했어요. 그리고 '양자'의 개념을 도입했답니다. 양자는 더 이상 나눌 수 없는 에너지의 최소 단위예요. 하지만 당시 플랑크는 양자라는 개념을 수학적인 도구로만 생각했고 다른 학자들도 플랑크의 발견을 그리 중요하게 여기진 않았답니다.

### 불확실함을 증명하다

20세기에 독일의 이론 물리학자 베르너 하이젠베르크는 **불확정성 원리**를 내놓았어요. 이것은 양자 역학을 고전 역학과 구분 짓게 되는 결정적인 계기가 되었지요. 불확정성 원리에 따르면 양자 역학적 입자에 대해서는 서로 상관관계에 있는 두 가지 값을 동시에 정확히 측정할 수 없기 때문이에요. 예를 들어 전자의 속도와 위치를 측정한다고 생각해 볼까요? 이때 하나의 값에 대한 정확성이 높아지면 다른 값에 대한 정확성은 줄어들게 되지요. 하이젠베르크는 불확정성 원리를 수학적으로 증명했어요. 이는 고전 물리학의 중요한 두 가지 기본 개념을 뒤집었답니다. 하나는 측정의 정확성은 기술적 조건에 의해서만 제약을 받을 뿐 이론적으로는 한계가 없다고 보는 개념이었어요. 다른 하나는 실험자나 관찰자는 현상을 확인만 하는 것일 뿐 현상에 개입하지 않는다는 객관성의 원칙이었지요.

양자 역학을 개척한 루이 드브로이

### 빛 입자에 이름이 생기다

아인슈타인은 플랑크가 처음 소개한 양자의 개념을 빛에 적용했어요. 덕분에 오랫동안 빛의 파동설에 가려져 있던 빛의 입자적 성질이 다시 한 번 주목받게 되었지요. 양자 역학을 개척한 플랑크나 덴마크의 물리학자 닐스 보어를 포함한 대부분의 물리학자들은 오랫동안 빛 입자의 존재를 의심했어요. 하지만 이제 빛 입자는 '광자'라는 어엿한 이름을 갖고 있지요.

물질의 비밀

### 새로운 원자 모형

1914년 덴마크의 물리학자 **닐스 보어**는 양자 역학의 원리를 적용한 새로운 원자 모형을 내놓았어요. 원자나 분자가 갖는 에너지 값을 '에너지 준위'라고 해요.
이 모형에서는 전자가 제멋대로 움직이는 게 아니라 에너지 준위에 따라 일정 수의 궤도에서만 돌아다닌답니다. 이때 전자들은 열이나 전자기파를 흡수 또는 방출하면서 한 궤도에서 다른 궤도로 '점프'하듯이 이동해요. 이로써 원자 모형에도 불연속성이 적용되어 원자에 대한 물리학은 고전 물리학의 개념들과 점차 멀어지게 되었답니다.

### 파동의 세계

1924년 프랑스의 물리학자 **루이 드브로이**는 파동 역학을 통해 양자론의 일반화로 가는 길을 열었어요. 빛에 대한 아인슈타인의 연구에서 힌트를 얻어 전자도 파동 현상으로 설명할 수 있다는 것을 보여 주었거든요. 이후 드브로이는 이 법칙을 알려진 모든 입자에 확대 적용했어요. 오스트리아의 물리학자 에르빈 슈뢰딩거는 드브로이와 같은 생각으로 연구를 계속한 끝에 각 입자의 '파동 함수'를 계산할 수 있는 방정식을 내놓았고요. 이 방정식은 '슈뢰딩거 방정식'으로 불리며 지금도 많이 활용되고 있답니다.

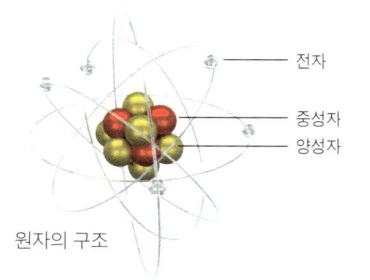

원자의 구조 / 전자 / 중성자 / 양성자

### 신이 주사위 놀이를 한다고?

원인과 결과, 즉 **인과관계**의 문제는 고전 역학과 양자 역학을 갈라놓는 주요 쟁점 중 하나랍니다. 고전 역학은 원인이 같으면 결과도 같다는 인과적 결정론을 따라요. 하지만 양자 역학에서는 원인이 같아도 다른 결과가 나올 수 있다고 보거든요. 양자 역학의 입장에서는 입자 하나하나의 작용에 대해 정확한 예측이 불가능해요. 따라서 어떤 원인에서 어떤 결과가 발생할지는 그 확률만 알 수 있다는 입장이지요. 이와 관련해서 아인슈타인과 보어가 나눈 유명한 이야기가 있어요. 결정론을 지지한 아인슈타인은 "신은 주사위 놀이를 하지 않는다."고 말했어요. 그러자 확률론을 지지했던 보어가 이렇게 대답했다고 해요.
"신이 주사위 놀이를 하든 말든 당신이 상관할 바가 아니다."

### 상자 속의 고양이

양자 역학은 종종 상식에 어긋나는 법칙들로 사람들을 어리둥절하게 만들지요. 이런 양자 역학의 특성을 이야기할 때 흔히 '슈뢰딩거의 고양이'라고 불리는 실험을 예로 들어요. 상자 속에 고양이를 넣어 두었다고 생각해 볼게요. 이 상자에는 방사능 측정 장비인 가이거 계수기가 설치되어 있어요. 가이거 계수기가 방사성 원자의 붕괴를 탐지하면 상자 속에는 독극물이 퍼지도록 설계되어 있고요. 일정 시간이 지난 후 상자 속의 고양이는 어떻게 되었을까요? 방사성 원자가 붕괴됐느냐 아니냐에 따라 살아 있을 수도, 죽었을 수도 있지요. 그런데 이를 양자 역학에서는 다르게 설명해요. 실제로 관측이 이루어지기 전까지는 방사성 원자가 붕괴된 상태와 붕괴되지 않은 상태가 겹쳐져 있다고 말하지요. 그러니까 상자를 직접 열어 보지 않는 이상 상자 속 고양이는 살아 있는 상태인 동시에 죽은 것이라는 뜻이랍니다!

# 식탁 위의 **화학**

### 음식의 맛을 살려 주는 물질

요즘 식품에 많이 쓰이는 **글루탐산**은 신경이나 소화 작용에 관여하는 아미노산이에요. 최근 밝혀진 바에 따르면 중독 현상과도 관계가 있다고 해요. 흥분을 느끼게 하는 신경 전달 물질인 도파민의 분비를 조절하거든요. 맛을 돋우는 효과가 있어서 요리에 많이 활용되는데, 식품업계에서는 E620 또는 MSG라는 이름으로 불리지요. 요리의 맛과 풍미를 살려 주는 '조미료'로 쓰인답니다.

젤리 형태의 디저트

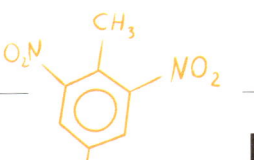

### 젤 상태로 만들다

휘핑크림은 왜 뜨거운 커피에 올려도 녹지 않을까요? 한천 성분이 크림을 젤 상태로 만들어서 열을 잘 견디도록 해 주기 때문이랍니다. 한천은 우뭇가사리라는 해초를 끓인 다음 식혀서 굳힌 거예요. 일본에서는 17세기부터 사용되고 있지요. 음식을 만들 때 넣으면 걸쭉한 소스에서부터 단단한 젤리에 이르기까지 다양한 질감을 낼 수 있어요.

### 달걀의 변신

**달걀**은 다양한 변신이 가능해요! 예를 들어 달걀의 흰자를 세게 저으면 눈처럼 흰 거품으로 변하지요. 흰자에 들어 있는 알부민이라는 단백질이 공기에 갇히면서 쉽게 꺼지지 않는 거품이 만들어지는 것이랍니다. 달걀을 익히면 서서히 딱딱해지는 것도 단백질 성분이 응고되는 현상 때문이에요. 이를 이용해서 조리 온도와 시간에 변화를 주면 다양한 상태의 달걀을 만들어 낼 수 있지요. 놀랍게도 2015년 한 연구진은 삶은 달걀을 몇 분 만에 다시 날달걀로 되돌리는 데 성공하기도 했어요! 물론 날달걀을 먹고 싶어서 한 실험은 아니었어요. 변형된 단백질을 복원하는 방법을 알아내기 위한 연구였지요.

### 일곱 번째 맛

우리의 혀는 단맛, 짠맛, 신맛, 쓴맛을 느낄 수 있어요. 매운맛과 떫은맛은 사실 미각이 아니라 촉각과 관계된 감각이지만 그래도 '맛'에 포함되지요. 그런데 1985년부터 이 여섯 가지 맛 외에 **감칠맛**이라는 새로운 맛이 추가되었답니다. 처음에는 일본식 된장국인 미소시루 특유의 맛을 가리켰어요. 하지만 요즘에는 글루탐산처럼 음식물이 입에 당기게 하는 맛이라는 뜻으로 사용되고 있어요. 치즈, 아스파라거스, 모유, 햄, 케첩, 피자 등등 많은 음식들이 감칠맛을 가지고 있지요. 왜 어떤 음식들은 배가 불러도 계속 먹게 되는지 궁금했던 적이 없나요? 아마도 그 답은 바로 '감칠맛'에 있을 거예요.

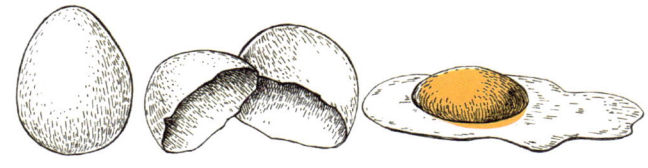

물질의 비밀

## 과일 가죽

과일로도 가죽을 만들 수 있어요! 과일을 갈아서 죽처럼 만든 다음 젤라틴을 첨가해 얇게 편 상태로 말리면 되지요. 물론 이 가죽은 옷을 만들기 위한 것이 아니라 식용이에요. 그대로 먹을 수도 있고 요리에 장식을 하는 용도로 사용할 수도 있지요. 포장 비닐 대신 사탕을 싸는 데 써도 좋고요.

분자요리의 대가 페란 아드리아(오른쪽)

## 먹을 수 있는 포장이 나온다?

2050년쯤에는 **포장**까지 포함해서 모든 것을 다 먹을 수 있는 식품이 나올지도 몰라요. 갑각류의 키토산이나 해초에서 얻을 수 있는 알긴산염 또는 사탕수수 찌꺼기 같은 것들을 이용해서 식용 가능한 포장재를 만들면 가능하지요. 이런 포장재들은 자연적으로 분해되기 때문에 환경 보호에도 도움이 된답니다.

## 유화제

**유화제**는 섞이지 않는 두 액체가 잘 섞일 수 있도록 도와주는 물질이에요. 크림이나 로션 같은 화장품을 만들 때도 들어가고 요리에도 많이 사용되지요. 특히 요리에 사용되는 유화제는 식감을 부드럽게 만들어 주는 효과도 있답니다. 달걀노른자나 해바라기씨, 콩에 함유된 레시틴 성분의 유화제인 식품첨가물 E322가 대표적이에요. 이 유화제는 마가린, 빵, 아이스크림, 초콜릿 등에 두루 쓰이고 있답니다.

홍조류

67

# 입자의 세계

입자 수백만 개가 모여서 만들어 낸 구조

## 전자의 발견

1897년 영국의 조지프 존 톰슨은 크룩스관의 음극에서 방출되는 음극선이 음전하를 띠는 미세한 입자로 이루어져 있다는 사실을 확인했어요. 이 과정에서 **전자**가 발견되었지요. 이 발견은 원자론의 기본 개념을 다시 생각하게 만들었어요. 원자가 더 이상 쪼개지지 않는 물질의 기본 단위라는 생각 말이에요.

다섯 개의 쿼크로 이루어진 펜타쿼크 입자에 대해 생각해 볼 수 있는 쿼크들의 배치

## 입자와 반입자

1932년 미국의 물리학자 칼 앤더슨은 최초로 **반입자**를 발견했어요. 전자와 대칭적인 속성을 띠는 입자, 즉 양전자를 찾아낸 것이지요. 1954년 미국의 물리학자 에밀리오 세그레와 오언 체임벌린은 양성자의 반입자에 해당하는 반양성자를 발견했고요. 반(反)입자는 반(反)물질을 이루는 성분이에요. 물질을 이루는 입자와 반대되는 속성을 지녔지요. 전자를 예로 들어 볼까요? 전자는 음전하를 가지고 있어요. 하지만 전자의 반입자인 양전자는 전자와 질량은 같지만 양전하를 띤답니다. 미국의 이론 물리학자인 리처드 파인만은 양전자가 시간의 흐름을 거슬러 올라가는 전자라고 볼 수 있다는 해석을 내놓기도 했어요.

## 중성자

전자와 양성자에 이어 세 번째로 발견된 원자의 성분은 **중성자**예요. 1932년 영국의 물리학자 제임스 채드윅이 발견했지요. 질량은 양성자와 동일해요. 하지만 음전하를 띠는 전자나 양전자를 띠는 양성자와 달리 전하를 띠지 않는답니다.

## 원자 모형을 바꾼 아원자

원자보다 작은 입자들을 **아원자**라고 해요. 이 아원자들이 계속 발견되면서 원자를 양성자와 중성자로 이루어진 원자핵과 그 주위를 도는 전자로 설명하는 모형에도 변화가 생겼답니다. 전자는 더 이상 나눌 수 없는 기본 입자예요. 하지만 양성자와 중성자는 더 작은 입자인 '쿼크', 즉 소립자로 이루어져 있거든요!

### 업 쿼크와 다운 쿼크

현재까지 발견된 쿼크는 모두 여섯 종류가 있어요. 그중 '업 쿼크'와 '다운 쿼크'만 원자핵의 성분으로 들어간답니다. 양성자는 업 쿼크 두 개와 다운 쿼크 한 개, 중성자는 업 쿼크 한 개와 다운 쿼크 두 개로 이루어져 있지요.

# 물질의 비밀

## 입자 발견 경쟁

20세기에는 새로운 **입자**들이 많이 발견되었어요. 이는 무한히 작은 세계에 대한 탐구로 이어졌지요. 예를 들어 1931년 오스트리아의 이론 물리학자 볼프강 파울리와 미국의 물리학자 엔리코 페르미는 중성미자의 존재를 예측했어요. 이 중성미자는 1956년에 실제로 발견되었지요. 우주에서 끊임없이 지구로 내려오는 매우 높은 에너지의 입자선인 우주선(宇宙線)에서는 뮤온과 파이온이 탐지되었고요. 그리고 중입자나 중간자 계열에 속하는 여러 입자들도 속속 발견이 되었답니다. 이 과정에서 1962년에는 뮤온 중성미자가, 1973년에는 타우 입자가 관찰되기도 했지요.

## 신의 입자

'신의 입자'라는 별명을 지닌 힉스 보손은 2012년 7월에 처음 발견되었어요. 이는 부력의 원리를 발견한 아르키메데스가 '유레카!'를 외친 이래 가장 대단한 발견이라고 할 수 있답니다! 힉스 보손은 1964년 영국의 물리학자 피터 힉스가 '힉스장'을 설명하기 위해 임시로 만들어 낸 물질이었어요. 물질의 퍼즐을 맞추는 데 꼭 필요한 조각이었지요. 그런데 유럽원자핵공동연구소의 LHC(대형 강입자 충돌기)를 이용한 양성자 충돌 실험에서 마침내 그 '신의 입자'가 발견된 것이에요!

## 입자의 분류

물질을 이루는 **기본 입자**는 크게 '보손' 계열과 '페르미온' 계열로 구분된답니다. 이 이름들은 각각 물리학자 사티엔드라 보스와 엔리코 페르미의 이름에서 따왔어요. 회전하는 물체의 회전 운동의 세기를 '각운동량'이라고 해요. '보손'과 '페르미온'을 구분하는 기준은 입자의 회전에 의한 각운동량에 비교할 수 있는 양자 역학적 속성인 '스핀'이랍니다. 기능적인 측면에서 보자면 보손은 입자들 사이의 상호 작용을 이어 주는 역할을 하지요. 페르미온은 물질을 구성하는 역할을 하고요. 그리고 페르미온은 다시 전자, 뮤온, 중성미자 같은 렙톤과 쿼크로 구분된답니다.

## X입자가 나타났다?

2015년 물리학계는 큰 흥분에 휩싸였어요. 힉스 보손이 발견되었을 때보다 더 큰 영향을 미칠 발견이 이루어질 것 같았거든요. LHC를 이용한 실험 도중 X입자의 존재를 증명하는 듯한 미지의 신호가 발견된 거예요! X입자는 이제까지 알려진 이론이 없는 새로운 입자였답니다. 하지만 2016년 8월 이 연구를 진행하던 연구진은 그 신호가 실험 도중 생긴 잡음에 의한 요동 때문에 생겨난 것이라고 인정했어요. 미지의 것이든 아니든 입자와는 상관이 없는 신호였던 것이죠.

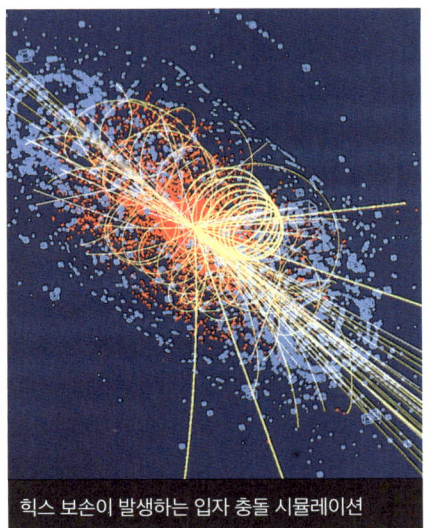

힉스 보손이 발생하는 입자 충돌 시뮬레이션

# 나노 과학 : 희망인가, 위협인가?

### 나노란?

**나노 기술**과 **나노 과학**은 물질을 1미터의 10억분의 1에 해당하는 나노미터(nm) 단위로 연구하는 분야예요. 다시 말해 물질을 분자 차원에서 정밀하게 다루는 것이지요. 나노미터는 도대체 얼마나 작은 단위일까요? 수소 원자는 원자핵이 하나의 양성자로 이루어진 가장 작은 원자예요. 이 수소 원자의 지름이 0.1나노미터지요. 이에 비해 사람 머리카락 한 올의 굵기는 5만에서 10만 나노미터 사이랍니다! 나노미터가 얼마나 작은 단위인지 감이 오나요?

터널 효과를 이용한 주사 터널링 현미경으로 본 DNA (색깔은 추가된 것)

### 초정밀 현미경

'주사 터널링 현미경(STM, Scanning Tunneling Microscope)'은 '터널 효과'라는 양자 역학적 현상을 이용한 **현미경**이에요. 1981년 스위스 IBM 연구소의 연구원 게르트 비니히와 스위스의 물리학자 하인리히 로러가 개발해 1986년 노벨 물리학상을 받은 기술이지요. 텅스텐이나 백금 이리듐으로 된 뾰족한 탐침을 각종 물체의 표면에 아주 가까이 가져가면 터널 효과에 의해 전자가 이동하면서 '터널링 전류'가 발생해요. 이 전류를 측정해서 원자의 이미지를 재구성하는 원리랍니다. 이 현미경이 없었다면 나노 기술의 비약적 발전은 불가능했을지도 몰라요!

### 분자 크기의 기계

나노 기술의 발전으로 나노미터 크기의 기계까지 개발되었답니다. 이는 나노 의학의 시대를 열고 있지요. 이제 나노 로봇에 손상된 DNA를 회복시키는 프로그램을 입력해 질병을 치료할 수 있는 시대가 온 거예요!

# 물질의 비밀

규소 표면의 원자들.
이미지(60×60nm)상에서 흰 점들은 STM을
이용해서 원자 차원의 변형을 가한 것이다.

### 보고 만진다!

주사 터널링 현미경(STM)을 이용하면 물질을 원자 차원에서 관찰할 수 있어요. 조작도 할 수 있고요! 아주 낮은 온도에서는 STM의 탐침으로 원자를 이동시킬 수 있거든요. 실제로 IBM의 연구원 데이비드 엔글러는 1990년 제논 원자를 니켈 표면에 하나 하나 배열해 IBM 로고의 세 글자를 만들어 내는 데 성공하기도 했답니다. 눈부신 과학적 업적을 세우는 동시에 회사 홍보까지 제대로 한 셈이죠!

### 다양하게 활용되는 나노 기술

나노 기술을 이용하면 물질을 분자 차원에서 '빚어낼' 수 있어요. 이렇게 만들어진 나노 튜브, 나노 선, 풀러렌 등의 나노 소재는 특별한 점이 있어요. 우리가 알고 있는 일부 원소들의 내성(견디는 능력)이나 전도성(열이나 전기가 통하는 성질), 탄력성, 가벼움 등의 속성을 다른 형태로 활용할 수 있게 해 주거든요. 특히 의학 분야에서 이런 연구들이 많이 이루어지고 있어요. 나노 입자를 암세포 탐지 및 파괴, 정밀 진단, 이식용 부품 등에 활용하기 위해서지요.
또 오염 물질을 흡수하고 분해하기 위한 '나노 생태학' 기술도 개발되고 있답니다. 나노 부품을 이용해 다이오드, 트랜지스터, 광전지 같은 여러 전자 공학 장치의 성능을 개선하는 연구도 진행 중이고요.

### 나노 기술, 노벨상을 받다

2016년 프랑스의 장 피에르 소바주와 영국의 프레이저 스토더트, 네덜란드의 베르나르트 페링하는 분자 기계를 개발한 업적으로 노벨 화학상을 받았어요. 나노 구조의 기계를 보통의 기계처럼 조종할 수 있게 된 것이지요. 분자 승강기와 분자 모터, 심지어 분자 자동차까지도 가능해진 거예요!

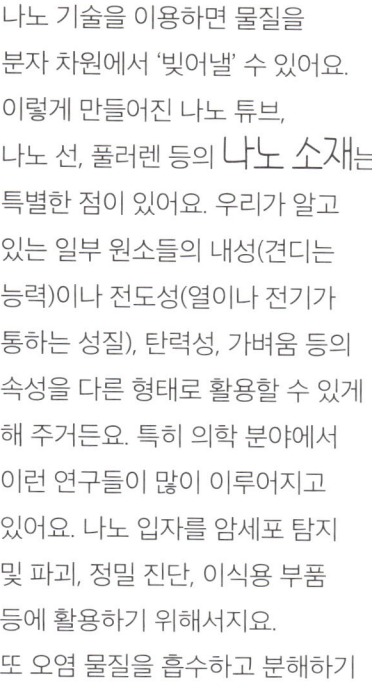

### 나노 기술에 대한 공포

나노 기술, 특히 나노 로봇의 발전은 사람들에게 경계심과 거부감을 불러일으키기도 해요. 지나친 기계화에 대한 공포와 세균 같은 눈에 보이지 않는 위협에 대한 두려움이 더해진 결과지요. 변형된 분자나 미세한 기계가 소비자들 모르게 제품에 주입될 수도 있잖아요! 그래서 일부 단체들은 관련 법안을 만들어 소비자를 보호해 줄 것을 요구하고 있답니다.

# 끈 이론 : 물리학의 통합을 시도하다

끈 이론에서는 입자가 우주를 가로질러 진동하는 끈에 지나지 않는다고 말한다.

### 끈 이론의 목표

**끈 이론**은 1980년대에 등장했어요. 물리학을 단 하나의 틀로 통합하겠다는 야심찬 목표를 가진 이론이지요. 일반 상대성 이론은 질량이 큰 물체와 아주 빠른 속도에 적용되는 이론이에요. 양자 역학은 원자나 아원자 단위의 매우 작은 물체와 빛에 비해 아주 느린 속도에 적용되는 이론이고요. 이 둘은 각각 따로 놓고 보면 완벽해요. 하지만 둘을 함께 놓고 보면 서로 모순 관계에 있지요. 끈 이론은 이 두 이론을 동시에 성립시키려는 것이랍니다. '초끈 이론'이나 'M 이론'은 이런 끈 이론의 변형이에요.

### 끈이 아닌 멤브레인

끈 이론에서 출발한 한 이론에서는 우주가 끈이 아닌 '멤브레인'으로 이루어져 있다고 생각해요. 멤브레인은 다차원적인 성질을 띠는 단위예요. 우주의 여러 차원에 걸쳐 펼쳐질 수 있고, 끈과 같은 방식으로 진동할 수도 있지요. 이 이론에 따르면 끈은 멤브레인의 한 가지 특수한 형태, 즉 1차원 멤브레인에 지나지 않는답니다.

### 우주의 진동

끈 이론에 따르면 우리가 아는 입자들은 사실 우주를 가로질러 진동하는 **끈**에 해당해요. 전자나 쿼크, 광자 같은 입자들을 아주 자세히 볼 수 있다면 매우 미세한 끈을 보게 될 것이라는 뜻이지요. 이전 이론들에서 말했던 점 형태의 입자가 아니라요. 끈 이론에서는 알려진 모든 입자가 단 한 종류의 끈에서부터 만들어질 수 있다고 봐요. 입자의 특성은 끈이 진동하는 방식에 따라 결정되고요. 마치 악기의 현 하나로 다양한 음을 낼 수 있는 것처럼 말이에요.

### 아직은 볼 수 없지만

아주 큰 물체도 멀리서 보면 점으로 보여요. 마찬가지로 **입자**가 끈이 아닌 점으로 보이는 것도 그 크기가 워낙 작기 때문이랍니다. 물론 이론적으로요. 물질에 물리 법칙을 적용할 수 있는 크기에는 이론적으로 한계가 있어요. 그 한계를 플랑크 길이라고 하지요. 수치로는 $1.62 \times 10^{-35}$미터에 해당하고요. 끈으로서의 입자를 관찰하려면 이 플랑크 길이를 볼 수 있는 해상력을 갖춘 장치가 필요해요. 그런데 현재 가장 높은 정밀도를 지닌 기기라 해도 '끈'을 보기에는 아직 기술력이 턱없이 부족하답니다.

## 물질의 비밀

### 많아도 너무 많아!

끈 이론에도 문제가 없지는 않아요. 그중 하나는 이 이론에서 주장하는 방정식을 따랐을 때 이론적으로 가능한 우주 모형이 너무 많이 나온다는 것이에요. 가능한 경우의 수가 최소 $10^{500}$가지나 되거든요! 그 많은 모형 중 어떤 것이 실제로 우주에 적용되는지 알아내려면 경우의 수를 일일이 확인해야 해요. 이는 고성능 슈퍼컴퓨터로도 매우 하기 힘든 일이랍니다.

### 더 많은 차원들

끈 이론 혹은 초끈 이론에서는 우리가 일상적으로 경험하는 3차원 공간이나 4차원 공간보다 더 많은 차원이 있다고 생각해요. M 이론은 끈 이론에서 가장 '많이 나간' 이론이에요. 이 M 이론에서는 10차원의 공간에 시간의 차원을 더해 11차원의 시공간을 이야기하지요. 4차원 외에 다른 차원들은 사람의 지각 능력을 벗어난 크기로 '접혀' 있어서 우리가 느낄 수 없다고 해요. 보통 사람들은 상상하기도 힘들고, 이해하기는 더 힘들고요! 이처럼 '숨겨진' 차원들에 대한 연구는 이전에도 있었어요. 독일의 테오도어 칼루차와 스웨덴의 오스카르 클레인이 내놓은 칼루차-클레인 이론에서도 연구가 진행되었거든요.

### 이론과 실험

끈 이론은 아직 순전한 이론의 상태에 머물러 있어요. 이 이론이 물리학을 통해 우주를 이해하는 방식을 통합해 줄 수 있는 아주 효과적인 수학 체계인 것은 맞아요. 그래도 아직 어떤 사실이나 실험적 자료를 통해 증명된 것은 아니거든요. 그래도 끈 이론을 연구하는 물리학자들은 가까운 미래에 사실을 바탕으로 자신들의 주장을 검증할 수 있을 것이라는 기대를 가지고 있답니다. 아직 실현된 단계는 아니지만 입자 가속기나 충돌기, 중력파 관측 등을 통한 검증 방법도 몇 가지 이야기되고 있고요. 그러니 이 이론에 대해 너무 성급하게 판단할 필요는 없어요. 많은 이론들이 오랜 시간이 지난 뒤에야 비로소 실험적으로 입증되었잖아요?

끈 이론을 개척한 영국의 물리학자 마이클 그린

# 과학과 기술

## 제3차 산업 혁명을 이끈 인터넷

산업 혁명은 새로운 기술이 등장하면서 산업 생산이 폭발적으로 늘어나고 이에 따라 경제와 사회가 전체적으로 크게 달라지는 현상을 말해요. 제1차 산업 혁명은 18세기 후반에 일어났어요. 이때 만들어진 증기 기관으로 인해 세상에 큰 변화가 생겼지요. 기계가 빠른 속도로 발전하면서 사회 곳곳에 기계가 들어왔어요. 그로부터 약 50년 뒤에는 '검은 황금'이라 불리는 석유와 전기가 널리 쓰이게 되면서 제2차 산업 혁명이 시작되었고요.

그리고 이제 우리는 인터넷과 재생 에너지의 시대라고 할 수 있는 제3차 산업 혁명의 시대를 지나고 있어요. 이 두 분야는 과학과 기술, 경제의 발전과 맞물리며 성장해 왔어요. 특히 눈에 보이지 않는 기술인 인터넷은 3차 산업 혁명을 가장 앞에서 이끌었다고 할 수 있지요. 기술의 발전뿐만 아니라 정보 통신의 중요성을 잘 보여 주고 있기도 하고요. 예전에는 인쇄물과 영화, 텔레비전 등이 각기 한 시대를 대표하는 매체로서 전성기를 누렸어요. 하지만 지금은 인터넷이 그 매체들의 역할을 한꺼번에 해 내고 있잖아요. 언어와 문화,

생활 양식의 장벽을 허물고 거의 모두가 정보와 지식을 이용할 수 있게 해 줌으로써 전 세계 사람들을 가깝게 이어 주고 있고요.

## 인터넷, 에너지 문제를 일으키다

지구의 환경 보호에 앞장서는 환경 단체들은 몇 년 전부터 인터넷 사용으로 인한 에너지 문제를 걱정하고 있어요. 2020년 기준 온라인에 데이터를 저장하는 인터넷 사용자는 약 40억 명에 이를 것으로 예측되었지요. 그만큼 더 많은 데이터 저장소와 기기가 필요할 것이고요. 즉 더 많은 에너지가 소모될 수밖에 없어요. 인터넷으로 인한 전력 소비량은 2012년에 이미

증기 기관의 작동 방식을 보여 주는 그림

편리하지만 에너지 문제를 일으키는 인터넷

전체 전력 생산의 5퍼센트에 이르렀어요. 사람들이 즐겨 보는 몇몇 동영상 때문에 작은 발전소가 한 해 동안 생산하는 양에 맞먹는 에너지가 소비될 수도 있다는 의미예요!
게다가 인터넷 사용량의 증가는 에너지뿐만 아니라 배터리에 사용되는 리튬 같은 자원의 소비와도 관계가 있답니다. 이러니 기술의 발전을 무조건 환영할 수만은 없는 것이지요. 하지만 양자 컴퓨터의 시대가 온다면 이런 문제들이 조금은 해결될 수도 있어요. 양자 컴퓨터는 한 번에 엄청난 양의 정보를 처리할 수 있어서 속도도 빠르고 에너지 효율도 뛰어나거든요. 그러니 얼른 제대로 된 양자 컴퓨터가 개발되어야겠지요?

## 현실과 공상 사이에 놓인 21세기

영국의 소설가 더글러스 애덤스의 공상 과학 소설 《은하수를 여행하는 히치하이커를 위한 안내서》에는 양자 컴퓨터 같은 기술의 발전을 떠올리게 하는 내용이 나와요. 탁월한 계산 능력을 지닌 슈퍼컴퓨터에게 삶과 우주에 관한 중요한 질문의 답을 물었더니 '42'라는 엉뚱한 숫자를 내놓는 장면이지요. 이 답은 이제 일종의 유머가 되었어요. 하지만 어쩌면 실제로도 그와 비슷한 일이 일어날 수 있지 않을까요? 그래서 우리가 그동안 이룬 기술의 발전을 되돌아보게 될지도 모르고요.
수십 년 전부터 사람들이 꿈꾸던 하늘을 나는 자동차는 어떻게 되고 있나? 우리가 원하는 이상적인 세상은 어떤 곳이지? 우리는 인간을 넘어선 초인간이 되어 가고 있는 걸까? 이런 생각들을 하면서요.
현재 우리 사회에서 기술 발전을 대하는 태도는 극과 극이랍니다. 증기 기관 같은 과거의 아날로그 기술의 시대를 그리워하는 스팀펑크족, 인간과 로봇이 하나가 되는 초기술의 세상을 꿈꾸는 트랜스휴머니스트들이 함께 살아가고 있지요. 물론 '메이커스(Makers)' 운동을 펼치는 사람들처럼 그 중간쯤에 서 있는 사람들도 있고요. 메이커스 운동은 3D 프린터, 레이저 절단기 등의 최신 기술을 이용해 지식을 공유하고 사람들을 돕는 활동을 뜻한답니다.

# 증기: 새로운 동력의 시대를 열다

### 증기 기관의 조상

헤론은 1세기에 활동한 고대 그리스의 수학자예요. 그는 **증기 기관**의 조상에 해당하는 '아이올로스의 공'이라는 장치를 만들었지요. 이것은 L자 모양의 관 두 개가 서로 반대 방향으로 달려 있는 구를 축에 걸어서 물이 든 가마솥과 관으로 연결한 모양의 장치예요. 아이올로스는 그리스 신화에 나오는 바람의 신의 이름이고요. 물을 끓이면 구에 달린 두 관을 통해 수증기가 빠져나가면서 구가 돌아가게 되는 원리였답니다. 헤론은 자신의 발명품이 지닌 잠재력을 잘 몰랐던 것 같아요. 이 아이올로스의 공으로 만든 동력이 별로 쓸모가 있지는 않았거든요.

### 증기를 이용한 발명품을 만들다

프랑스의 물리학자 드니 **파팽**은 수학, 물리학 등 다양한 분야에서 이름을 떨친 네덜란드의 학자 하위헌스의 조수였어요. 독일의 철학자 라이프니츠의 친구이기도 했고요. 드니 파팽은 진공 실험과 물을 에너지로 이용하는 수력 기관에 관심이 많았답니다. 당시 프랑스에서는 종교의 자유를 허락하던 낭트 칙령을 다시 없앤다는 발표가 난 후 종교 박해가 시작되고 있었어요. 신교도였던 파팽은 1685년 이를 피해 프랑스에서 영국으로 옮겨 가게 되지요. 그곳에서 로버트 보일을 만나 함께 연구를 하면서 일종의 압력솥인 증기 조리기를 비롯해 여러 발명품을 내놓았답니다. 하지만 발명품들이 세상의 관심을 얻지는 못했어요. 그는 가난에 시달리다 1713년경 세상을 떠나고 말았답니다.

증기 기관을 발명한 드니 파팽

### 화약 폭발의 힘으로!

1673년 네덜란드의 크리스티안 하위헌스는 흥미로운 실험에 성공했어요. 금속관에 화약을 채운 '화약 실린더'를 이용해 70킬로그램의 무게를 30센티미터 높이까지 들어 올렸답니다! 화약이 폭발할 때 생기는 에너지로 피스톤을 밀어 올리게 한 것이지요.

### 화약 대신 증기의 힘으로

1690년 파팽은 최초의 증기 기관이라고 할 수 있는 장치를 만들었어요. 하위헌스와 함께 연구한 화약 **실린더**를 개조해 실린더에 화약 대신 물을 넣은 것이지요. 물을 가열하면 발생하는 증기의 압력으로 피스톤을 움직이는 원리였답니다. 이 장치는 약 30킬로그램 정도의 무게를 들어 올릴 수 있었어요. 사실 정확히 말하면 그 힘은 증기에서 나오는 것은 아니었어요. 실린더를 냉각했을 때 증기가 물로 응축되면서 생긴 진공에서 발생하는 힘이었지요.

### 증기 펌프

파팽의 아이디어는 18세기 초에 영국에서 처음 **실제로 사용** 되었어요. 증기 펌프의 형태였지요. 당시 영국에서는 제철업의 발전으로 석탄과 다른 광물의 수요가 늘어나고 있었어요. 그래서 광산 개발이 크게 증가했는데 이때 땅에서 솟는 물을 갱도 밖으로 빼내려면 펌프가 꼭 필요했거든요.

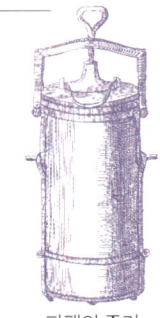

파팽의 증기 조리기

## 과학과 기술

### 배수 펌프에서 증기 기관차로!

영국의 발명가 제임스 와트는 증기 기관을 개량해 효율을 높였어요. 덕분에 갱도의 물을 빼는 배수 작업에만 쓰이던 증기 기관이 공장과 작업장의 기계를 돌리는 데 사용되기 시작했고요. 이후에도 영국 발명가들의 활약은 계속되었답니다. 1788년 윌리엄 사이밍턴은 증기 기관의 동력을 이용해 움직이는 증기선을 띄우는 데 성공했지요. 리처드 트레비식은 1801년 최초의 증기 자동차인 '퍼핑 데빌'을 선보인 데 이어 1804년에는 최초의 증기 기관차를 만들었고요. 마침내 철도의 역사가 시작된 거예요!

트레비식의 증기 자동차

### 화력 기관

영국의 발명가인 토머스 세이버리는 1698년 증기를 이용한 펌프를 발명해 특허를 냈어요. 피스톤 없이 증기가 냉각될 때 발생하는 진공 상태를 이용해 물을 빨아올리는 원리였지요. 1712년 영국의 발명가 토머스 뉴커먼은 세이버리의 펌프에 실린더와 피스톤을 추가해 개량한 제품을 내놓았어요. 효율이 높아진 이 펌프는 물을 가열하는 데 들어가는 석탄의 양을 크게 줄여 주었답니다. 덕분에 유럽 전역의 탄광에서 널리 사용되었지요. 증기 펌프는 불을 때서 나오는 증기를 이용했기 때문에 '화력 기관'으로 불렸어요.

> ### 산업 혁명의 시작
> 
> 1765년 영국의 발명가 제임스 와트는 별도의 응축기를 달아 실린더를 냉각할 필요가 없는 증기 기관을 만들었어요. 증기 기관의 열효율을 크게 높인 것이지요. 덕분에 증기 기관이 본격적으로 발전하면서 제1차 산업 혁명에까지 이르게 되었답니다. 이후에도 와트는 증기 기관을 계속해서 개량해 나갔어요. 그 결과 피스톤의 왕복 직선 운동을 원 운동으로 변환시키는 장치도 개발하게 되었지요.

19세기 교통 수단을 혁신한 증기선

# 사진 기술의 발전

### 사진술의 기원

최초의 실용적인 사진 기술은 프랑스의 사진가 루이 다게르가 고안한 **다게레오타이프**라고 볼 수 있어요. 은을 얇게 입힌 동판에 물체의 상을 30분 정도 띄워 놓았다가 고정하는 방식이었지요. 1839년 프랑스 정부는 이 기술의 특허권을 사들여 누구나 사용할 수 있게 했어요. 이후 사진술은 큰 인기를 끌었답니다.

나이아가라 폭포 앞에 서 있는 관광객 두 명을 찍은 다게레오타이프 방식의 사진

### 입체의 착각

우리가 세상을 **입체적**으로 볼 수 있는 것은 두 눈의 간격 덕분이에요. 물체를 볼 때 양쪽 눈은 이미지를 약간씩 다르게 지각하지요. 각각의 두 이미지를 뇌에서 합쳐 인식하는 과정에서 입체감이나 속도감이 생겨나는 것이랍니다. 이 원리를 이용한 것이 1839년에 개발된 '스테레오스코프'예요. 약간의 간격을 두고 찍은 두 장의 사진을 동시에 보여 줌으로써 입체감을 느끼게 하는 것이지요.

가상 현실(VR) 기기의 원리도 마찬가지예요. 거실 소파에 가만히 앉아서 게임 속으로 들어갈 수 있게 해 주고 세계 여행도 할 수 있게 해 주는 그 기계 말이에요!

### 그래도 사람의 손은 필요하다

필름을 사용하는 아날로그 사진술은 인화지의 감광제로 은을 사용해요. 그래서 **은염 사진술**이라고 불리지요. 은 입자가 빛에 노출되면 검게 변하는 화학 반응을 이용한 것이랍니다. 20세기에 컬러 사진이 대중화되기 전까지는 수작업으로 흑백 사진을 컬러 사진으로 바꾸었어요. 물론 요즘에는 대부분의 작업이 컴퓨터로 이루어지지요. 하지만 원래의 색깔에 가까운 색을 찾으려면 사람의 손이 필요할 수도 있어요. 흑백 사진을 구성하고 있는 여러 농도의 회색들만으로는 실제 색깔을 알 수가 없으니까요.

스테레오스코프 방식으로 찍은 사진. '입체경'으로도 불리는 스테레오스코프는 두 눈의 간격에 대응되는 간격으로 찍은 두 장의 사진을 동시에 보게 함으로써 입체감을 느낄 수 있게 하는 장치로, 1860년대부터 유행했다.

# 과학과 기술

## 아날로그 사진에서 디지털 사진으로

아날로그 사진술에서는 화학 반응으로 상을 만들어 내요. 하지만 디지털 사진술에서는 광자를 감지하는 전자 센서를 이용한답니다. 광자를 전기 신호로 바꾸어 디지털 정보로 변환하고, 이를 다시 디지털 이미지로 재구성하는 것이지요. 디지털 사진은 콘트라스트(명암의 차이), 색상, 선명도 등을 보정할 수 있어요. 이 작업은 카메라에서 바로 할 수도 있고 다른 기기를 사용해 할 수도 있지요.

## 사진 합성의 기술

1990년대에 컴퓨터 프로그램이 등장하기 전까지는 수작업으로 사진을 합성했어요. 노출 시간을 조절해서 유령 같은 모습이 찍히게 한다거나 한 사람이 한 사진에 여러 번 나타나게 하기도 했지요. 사진을 현상하는 단계에서 필름을 조작해 배경을 바꾸기도 하고 사람을 더하거나 지우기도 했고요. 사진 합성은 1860년대부터 시작되었어요. 독재 정권이 자기 주장이나 정책을 널리 알리기 위해 이런 합성 사진들을 많이 이용했답니다.

## 사진을 잘 찍는 방법

사진을 잘 찍으려면 세 가지를 잘 조정해야 해요. 바로 조리개값, 셔터 속도, 감도랍니다. 조리개값은 렌즈로 들어오는 빛의 양을 결정해요. 사진의 심도와 선명도에 영향을 미치지요. 셔터 속도는 필름이나 센서가 빛에 노출되는 시간을 결정하지요. 빠른 셔터 속도는 움직임을 포착하기에 좋아요. 느린 셔터 속도는 달처럼 빛이 약한 피사체를 찍기에 좋지만 상이 흔들릴 수 있으니 조심해야 하고요. 'ISO'로 표시되는 감도는 필름이나 센서가 빛에 반응하는 정도를 나타내요. ISO값을 높이면 어두운 곳에서도 플래시 없이 사진을 찍을 수 있어요. 하지만 눈에 거슬리는 잔상이 생겨서 사진 질이 떨어질 수도 있어요.

## 기술로 얼굴을 식별하다

**안면 인식** 시스템은 인간의 신체(생체) 인식 기술의 일종이에요. 눈의 간격, 코의 폭 등 얼굴을 구별할 수 있는 특징을 기존의 데이터베이스와 비교해서 개인의 얼굴을 식별할 수 있지요. 이런 안면 인식 시스템을 이용하면 사진이나 보안 카메라의 영상으로 사람을 구분할 수 있어요. 현재 이 기술은 접근이 제한된 장소의 출입을 통제하기 위한 보안 장치나 대금 지불 방식, 고객 맞춤형 서비스, SNS 등의 다양한 분야에서 활용되고 있답니다. 세계적으로 이미 수억 장에 이르는 사진이 데이터베이스화되어 별다른 규제 없이 사용되고 있어요. 편리한 기술이긴 하지만 이에 따른 사생활 보호와 관련된 윤리적인 문제도 생각해 볼 필요가 있답니다.

초기 합성 기술을 이용한 심령사진

# 영화의 탄생과 3D 기술

### 연속 사진 촬영에 성공하다

19세기 말에는 고양이가 착지하는 모습이나 새가 나는 모습 같은 움직임을 이해하기 위한 연구가 활발했어요. 이 연구 덕분에 이미지를 빠르게 연속으로 포착할 수 있는 장치가 발명되었지요. 최초의 성공적인 연속 사진은 영국의 사진가 에드워드 마이브리지가 1878년에 24대의 카메라로 찍은 <움직이는 말>이라는 작품이에요.

에드워드 마이브리지가 1878년에 찍은 <움직이는 말>. 당시 사람들은 질주하는 말이 공중에 뜨는 순간에 다리를 편다고 생각했지만, 실제로는 그 반대임을 확인시켜 준 사진이다.

### 애니메이션

애니메이션은 망막에 남는 잔상을 이용해 대상이 실제로 움직이는 것처럼 느껴지게 만드는 기법이에요. 애니메이션의 역사는 영화보다 길지요. 처음에는 원기둥에 거울을 두르고 바깥쪽으로 그림띠를 회전시켜서 거울에 비치는 그림이 움직이는 것처럼 만든 '프락시노스코프' 같은 방식이었어요. 여러 장으로 이어진 그림을 책처럼 만들어 빠르게 넘겼을 때 움직이는 것처럼 보이게 하는 '폴리오스코프' 방식도 있었고요. 애니메이션에서 움직임이 자연스럽게 연결되는 것처럼 보이려면 1초에 최소 12장의 그림이 필요해요. 섬세한 장면 연출을 위해서는 1초에 무려 120장이 넘는 그림이 사용되기도 한답니다!

### 영화 필름의 탄생

최초의 녹음기인 축음기는 미국의 발명가 토머스 에디슨이 발명했어요. 축음기로 듣는 즐거움을 맛본 그는 보는 즐거움도 느끼고 싶어졌어요. 그래서 1891년에 '키네토스코프'라는 장치를 발명했지요. 상자 안을 들여다보면 짧은 영상을 볼 수 있는 장치였어요. 소리는 나지 않았고요. 에디슨은 키네토스코프의 구조에 맞추어 가장자리에 구멍을 뚫은 35밀리미터 필름도 만들었어요. 이후 사운드 트랙이 추가되어 소리도 들을 수 있게 되었지요. 이때 만들어진 필름의 크기가 영화 필름의 표준 규격이 되었답니다. 이 규격은 오늘날에도 쓰이고 있어요.

### 입체 안경

애너글리프 안경은 입체 영상을 볼 때 쓰여요. 렌즈가 각각 빨간색과 파란색으로 되어 있지요. 예전에는 다른 색의 렌즈도 쓰였답니다. 프랑스의 발명가 뤼미에르 형제는 처음으로 오늘날과 같은 영화를 만든 사람들이에요. 1935년 그들은 자신이 제작한 유명한 영화 <열차의 도착>을 3D 버전으로 재상영했어요. 이때 관객들은 렌즈가 각각 노란색과 보라색으로 된 안경을 쓰고 영화를 관람했답니다. 어떤 색의 렌즈를 쓰든 원리는 같아요. 하나의 이미지를 두 가지 색으로 보게 만드는 것이지요. 그런 다음 두 눈의 간격에 해당하는 만큼 거리를 두고 영상을 스크린에 비추는 거예요. 그리고 각각의 렌즈가 서로 다른 색을 걸러서 눈에 전달하는 방식이지요.

1877년 프랑스의 에밀 레노가 발명한 프락시노스코프

## 과학과 기술

### 디지털 영화

2000년대부터 영화 제작 방식도 점차 아날로그에서 디지털로 옮겨 가고 있어요. 필름으로 찍는 것이 아니라 하드 디스크에 초당 24프레임씩 저장하며 촬영을 하는 것이지요.

### 입체로 보는 여러 가지 방식

특정한 방향으로만 진동하며 나아가는 빛을 편광이라고 해요. 편광 현상을 이용한 3D 기술은 두 개의 이미지를 서로 다른 방식으로 편광된 빛의 형태로 동시에 내보내는 거예요. 렌즈 한쪽은 수평으로 편광된 빛만 통과시키고, 다른 한쪽은 수직으로 편광된 빛만 통과시키는 식으로 말이에요. 이런 편광 방식은 비용이 저렴하다는 장점이 있어요. 하지만 해상도가 절반으로 떨어진다는 단점도 있지요. 카메라나 선글라스에 편광 렌즈를 쓰면 반사광을 막아 눈부심을 줄이고 색이 선명하게 보이는 효과를 얻을 수 있답니다.
'액티브 방식'으로도 불리는 셔터 방식을 이용하면 보다 선명한 해상도로 3D 영상을 볼 수 있어요. 이 방식에서는 화면에서 왼쪽 눈과 오른쪽 눈을 위한 영상이 번갈아 나와요. 안경이 이 신호에 반응해 빠르게 렌즈를 한쪽씩 번갈아 여닫으며 입체감을 만들어 내는 방식이지요.

### 해상도를 높여라!

영상을 디지털로 제작하면 비용도 적게 들고 조작도 간편하지요. 하지만 디지털 이미지는 픽셀로 이루어져 있기 때문에 확대하면 픽셀이 눈에 보인다는 단점이 있어요. 영상의 질이 떨어지는 것이지요.
그래서 최근 디지털 영화들은 1920×1080픽셀이 적용된 풀 해상도(full HD) 스크린보다 해상도가 네 배 높은 4096×2160픽셀의 4K 해상도로 제작된답니다.

# 소리의 세계

### 반향 현상

소리가 물체의 표면에 부딪혀 반사되면 다시 돌아오는 반향 현상이 생겨요. 반사되는 면이 소리가 나는 곳에서 충분히 떨어져 있고 면적도 넓으면 반사되는 소리를 반복적으로 들을 수 있답니다. 산에서 울리는 메아리처럼 말이에요. 소리의 반향은 빈방이나 동굴 같은 밀폐된 공간에서도 생겨요. 하지만 이런 경우는 소리가 나는 곳과 반사면 사이의 거리가 짧아서 소리가 실제와 달라지는 현상이 나타나지요.

### 목소리가 나오는 원리

성대는 목의 후두 안쪽에 있는 점막으로 된 한 쌍의 주름이에요. 우리는 이 성대의 진동으로 목소리를 낼 수 있는 것이랍니다. 숨을 내쉴 때 폐에서 나오는 공기가 성대를 지나면서 진동시켜요. 그러면 후두의 근육이 후두의 위치와 성대의 진동 폭을 조절해 높거나 낮은 소리를 만들어 내지요. 이때 흉강과 부비강, 즉 가슴 안쪽과 머리뼈에 있는 공기 구멍은 소리를 공명시키는 역할을 한답니다.

### 목소리로 유리잔을?

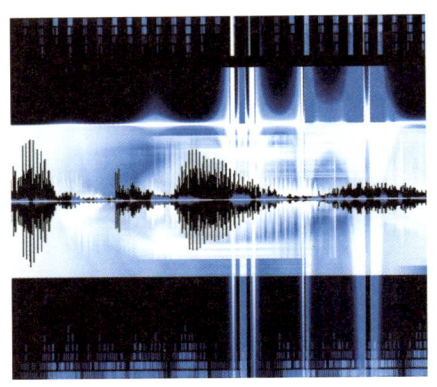

목소리는 성대가 진동하면서 나기 때문에 파동에 해당해요. 그래서 매질에 따라 다르게 들리지요. 매질마다 진동수가 다르니까요. 헬륨처럼 공기보다 가벼운 기체를 들이마시고 말을 하면 높은 목소리가 나오는 것도 그런 이유 때문이랍니다. 공명 현상은 두 물체의 고유 진동수가 일치할 때 일어나요. 이 현상을 이용하면 목소리로 유리잔을 깨뜨릴 수도 있어요!

### 목소리를 보내다

최초의 전화기는 마이크의 진동막을 이용해 음파의 기계적인 진동을 전기 신호로 바꾸는 원리로 작동했어요. 그 신호가 전선을 타고 상대방에게 도착하면 다시 음파로 바뀌어 목소리가 전달되는 것이지요.

### 호르몬과 변성기

사춘기가 되면 호르몬의 변화로 성대에도 변화가 생겨요. 그 결과 목소리가 굵어지는 변성기가 찾아오는 것이지요. 남성보다 변화가 적기는 하지만 여성도 변성기를 겪는 것은 마찬가지랍니다. 예전에는 '카스트라토'라는 가수들이 있었어요. 생식기를 잘라 내는 거세와 같은 방법으로 호르몬의 분비를 강제로 막아서 변성기를 겪지 않게 만든 남성 가수였지요. 소년의 높은 음역과 성인 남성의 풍부한 성량을 동시에 가지고 있었다고 해요.

# 과학과 기술

## 소닉붐

소리는 공기 중에서 1초에 약 340미터의 속도로 이동해요. 만약 이 속도를 넘어서게 되면 '소닉붐'이라는 폭발음이 발생하지요. 초음속 비행기가 마하 1의 속도를 돌파할 때 이 소닉붐을 들을 수 있답니다.

## 공간과 소리

**공연장**의 음향은 공연장의 크기와 형태, 건축 자재 등의 영향을 받는답니다. 소리는 벽을 만나면 일부는 반사되고 일부는 흡수되는 성질을 가졌거든요. 그래서 건물의 형태는 고대부터 음향에 영향을 미치는 중요한 요소로 여겨졌지요. 소리를 집중시켜서 더 잘 들리게 하기 위해 공간을 둥글게 설계한 고대 그리스의 원형 극장에서 그런 모습을 잘 볼 수 있어요. 중세 교회의 벽이나 바닥에 입구만 보이게 묻혀 있는 항아리도 음향을 위한 장치랍니다. 요즘에는 외부 소리는 차단하고 내부 음향은 잘 들리게 해 주는 건축 자재도 나와 있어요. 그래서 영화관에 관객이 꽉 차 있어도 영화 속 소리 이외에 다른 소음이 잘 들리지 않는 것이랍니다.

## 소리를 고치다

**오토튠**은 노랫소리의 음정을 실시간으로 보정해 주는 기술이에요. 노래를 녹음할 때 오토튠 프로그램을 이용하면 곡 전체를 정확한 음정으로 부를 때까지 반복해서 부를 필요가 없어요. 그래서 시간과 돈을 절약할 수 있지요. 1990년대 말부터 세계적으로 사용되기 시작한 이 오토튠은 이제 음악 믹싱 작업의 기본 도구가 되었답니다. 특히 힙합 곡에 많이 사용되지요. 오토튠은 로봇 목소리나 늘어진 음, 극한의 고음이나 저음 같은 특별한 효과도 낼 수 있어요. 그래서 일종의 악기처럼 활용되기도 하지요.

## 무선 통신의 시대

초기의 **휴대전화**는 FM 라디오와 같은 방식으로 작동했어요. 발신 휴대전화에서 나오는 전파를 안테나가 잡아서 수신 휴대전화로 다시 전송했지요. 그래서 그물처럼 짜인 지상 안테나망이 필요했답니다. 하지만 지금은 무선 통신의 시대예요! 음성을 디지털로 바꿔 위성을 통해 전달하거든요. GSM, EDGE, 3G, 4G, 5G 등 휴대전화를 위한 것이든 라디오 방송을 위한 것이든 상관없이 말이에요. 통신망이 땅 위에서 지구 주위를 도는 궤도로 옮겨 간 셈이지요.

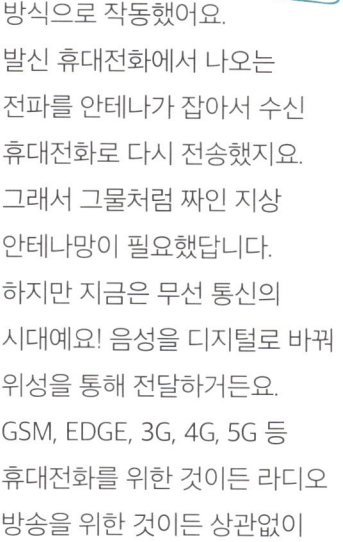

1618년에 지어진 이탈리아 파르마의 파르네세 극장

# 속도 경쟁

### 내연 기관

**내연 기관**은 열에너지를 기계적 에너지로 바꿔 주는 열 기관의 한 종류예요. 연료와 공기 등을 실린더 속에서 태워서 에너지를 얻지요. 최초의 실용적인 내연 기관은 1859년 벨기에의 기계 기술자 에티엔 르누아르가 완성했어요. 네덜란드의 학자 하위헌스가 만든 화약 실린더의 원리를 바탕으로 만들었지요. 물을 쓰는 증기 기관 대신 석탄 가스를 연료로 사용했답니다. 가스에 불을 붙이는 데는 전기 불꽃을 썼고요. 내연 기관과 관련된 특허는 이전에도 몇 가지가 있었어요. 1801년 프랑스의 발명가 필립 르봉은 가스를 이용한 내연 기관의 특허를 냈었지요. 1807년에는 스위스의 발명가 프랑수아 아이작 드 리바즈가 수소와 산소를 이용한 내연 기관의 특허를 등록하고 시험용 제품까지 내놓았었답니다.

클레망 아데르가 발명한 아비옹 3호

### 달려라 자동차!

**자동차**는 19세기 초에 처음 등장했어요. 하지만 실용성이 떨어져 곧 사람들의 관심에서 멀어졌지요. 그러다 내연 기관 덕분에 엔진이 작아지면서 본격적인 개발이 시작되었답니다. 1863년 에티엔 르누아르는 자신이 발명한 엔진을 단 자동차를 선보였어요. 그는 이 차로 왕복 18킬로미터 거리를 3시간 동안 달렸지요. 프랑스의 발명가 아메데 볼레는 1873년에 '잘 달리는 차'라는 이름의 가스 엔진 자동차 '로베이상트'를 만들었어요. 1875년에는 이 차로 르망에서 파리까지 18시간이나 달렸고요!

### 하늘을 날다

1897년 프랑스의 발명가 클레망 아데르는 동력을 이용해 하늘을 나는 기계를 만들었어요. '아비옹(avion)'이란 이름의 기계였지요. 라틴어로 '새'를 의미하는 'avis'에서 딴 이름이었답니다. 현재 'avion'은 프랑스어로 '비행기'를 뜻해요. 하지만 '아비옹'은 이름과 달리 비행을 제대로 하지 못했답니다.

### 4사이클 엔진

벨기에의 발명가 에티엔 르누아르가 개발한 엔진은 2사이클 방식이었어요. 피스톤이 한 번 왕복하면서 에너지의 순환 과정을 끝냈지요. 이후 1862년 독일의 니콜라우스 오토가 이보다 에너지 효율이 높은 **4사이클** 엔진 방식을 고안했어요. 프랑스의 공학자 알퐁스 보드 로샤도요. 4사이클 엔진은 피스톤이 두 번 왕복하면서 흡입·압축·폭발·배기의 과정이 이루어지는 방식이에요. 오토는 1867년 실용적인 4사이클 엔진 개발에 성공해 1878년 파리 세계 박람회에서 선보였어요. 하지만 1862년에 등록한 특허는 1886년에 취소되고 말았답니다. 보드 로샤의 개발이 조금 더 빨랐다는 사실이 인정되었기 때문이에요.

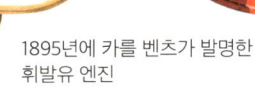

1895년에 카를 벤츠가 발명한 휘발유 엔진

## 과학과 기술

### 새로운 연료

가솔린 기관의 실린더 속에 연료와 공기를 적당한 비율로 섞어 공급하는 장치를 '기화기'라고 해요. 1861년 에티엔 르누아르는 가스 대신 휘발유를 사용할 수 있는 기화기를 개발했답니다. 석유를 증류해서 얻는 휘발유가 가스보다 훨씬 실용적이고 효율이 좋은 연료였거든요. 1897년 독일의 기계 기술자 **루돌프 디젤**은 휘발유 대신 경유 및 바이오매스(생물 연료), 중유인 벙커C유 등을 연료로 쓸 수 있는 엔진을 개발했어요. 지금도 쓰이고 있는 이 장치는 그의 이름을 따서 '디젤 엔진'이라고 불린답니다.

### 작용과 반작용

어떤 물체에 작용하는 힘에는 항상 방향은 반대이고 크기는 같은 반작용 힘이 따른다는 법칙을 '작용-반작용의 법칙'이라고 해요. 1887년 프랑스의 알퐁스 보드 로샤가 처음 만든 **제트 엔진**은 이 작용-반작용 원리에 의해 작동하지요. 20세기 초부터 실험용으로 개발되기 시작해 1930년 영국의 프랭크 휘틀이 특허를 얻었어요. 독일의 에른스트 하인켈이 개발한 최초의 제트기는 1939년 비행에 성공했답니다.

1969년에 발사된 새턴 5호

### 로켓, 전쟁 무기가 되다

헤르만 오베르트는 우주 비행학을 개척한 인물이에요. 독일의 과학자 **베르너 폰 브라운**은 오베르트가 1923년에 쓴 《행성 공간으로의 로켓》을 읽고 로켓 연구에 흥미를 느껴 로켓 과학자가 되었다고 해요. 1930년부터는 오베르트와 공동 작업으로 액체 연료를 개발했답니다. 하지만 그가 꾸었던 우주 정복의 꿈은 가혹한 현실에 가로막히고 말았어요. 로켓이 가진 파괴적인 힘에 주목한 독일의 히틀러가 오베르트와 폰 브라운에게 로켓을 이용한 장거리 미사일을 만들라고 요구했거든요. 두 사람은 1942년부터 미사일을 만들기 시작했어요. 이들이 만든 탄도 미사일 V2는 제2차 세계 대전 말에 엄청난 힘을 과시하게 된답니다.

### 지구를 벗어나려면

어떤 물체가 지구의 중력에서 벗어날 수 있는 속도를 **탈출 속도**라고 해요. 1923년에 독일의 로켓 과학자 헤르만 오베르트는 이 속도가 시속 4만 킬로미터라고 계산했지요. 즉 1초에 11킬로미터를 이동할 수 있어야 한다는 거예요. 오베르트는 실제 이와 같은 속도로 지구를 벗어나려면 액체 연료를 쓰는 로켓이 있어야 한다는 의견도 내놓았답니다.

### 꿈을 현실로

베르너 폰 브라운은 1945년에 독일을 등지고 미국에 투항했어요. 그리고 미국이 개발 중이던 대형 로켓 새턴 5호의 개발에 참여했지요. 새턴 5호에도 탄도 미사일 V2를 위해 개발된 기술이 사용되었어요. 하지만 공격용 무기를 만들 때와 달리 훨씬 위대한 목표를 위해 활용되었지요. 인류 최초의 달 착륙을 위한 아폴로 계획(1961~1969년)을 위한 것이었으니까요!

# 인간을 개조하고 강화하다

**강화형 인간**

기술의 발전은 의학 분야에도 많은 발전을 가져왔어요. 치료의 목적을 넘어 보다 완벽한 인간을 만들기 위한 기술을 떠올릴 정도로 말이에요. 그래서 탄생한 것이 **강화형 인간**이라는 개념이랍니다. 지금도 피임용 약이나 호르몬 약, 정신 자극제 등 질병이나 상처 치료의 목적이 아닌 의약품들이 사용되고 있어요. 단순히 외모를 바꾸기 위한 성형 수술도 이루어지고 있고요. 앞으로는 기계로 인체의 기능을 강력하게 만들 수 있는 시대가 올 수도 있지 않을까요? 하지만 완벽한 인간이란 현실에 존재하기 어렵지요. 현실과 환상 사이에 놓여 있는 이 '강화형 인간'은 자칫 심각한 윤리적 문제를 일으킬 수도 있어요. 그렇다면 기계를 이용한 인체의 변형은 과연 어디까지 허용될 수 있는 걸까요?

### 기술의 보급으로 쉬워진 제품 제작

**바이오닉 보철**은 로봇처럼 생긴 보철물(손상된 신체 부위를 위한 대체물)을 신경에 연결하는 것이에요. 주로 팔 부위에 많이 적용되는 기술이지요. 2016년부터는 바이오닉 보철 착용자들만 참여하는 사이배슬론 같은 경기도 열리고 있답니다. 하지만 팔에 보철물을 달고 손으로 물건 집기, 손목 돌리기 등을 자유롭게 하기란 쉬운 일이 아니에요. 긴 훈련을 거쳐야 하지요. 비용도 비싸서 아직은 대중적으로 쓰이지 못하고 있어요. 그래서 '메이커스 운동'이 일어나고 있지요. 여러 가지 기술과 장비의 보급을 바탕으로 필요한 물건을 개인이 직접 만들어 쓸 수 있도록 하자는 움직임 말이에요.

이 운동을 펼치고 있는 사람들은 바이오닉 보철 같은 기구의 설계 도면을 누구나 쉽게 구할 수 있도록 노력하고 있답니다. 이런 노력 덕분에 실제로 2013년에는 입체적인 물체를 찍어 낼 수 있는 3D 프린터를 이용해 저렴하게 만든 로봇 손 제품이 나오기도 했어요!

### 아직은 진짜 몸처럼 자유롭지 않지만

남아프리카 공화국의 육상 선수 오스카 피스토리우스와 수영 선수 아흐마트 하심, 미국의 댄서 아드리안 해슬릿 데이비스. 이 세 사람의 공통점은 절단된 다리를 대신해 나무나 고무 등으로 만든 **의족**을 착용한다는 거예요. 이들이 착용하는 의족은 자신이 하는 일에 맞게 특수하게 만들어져 성능이

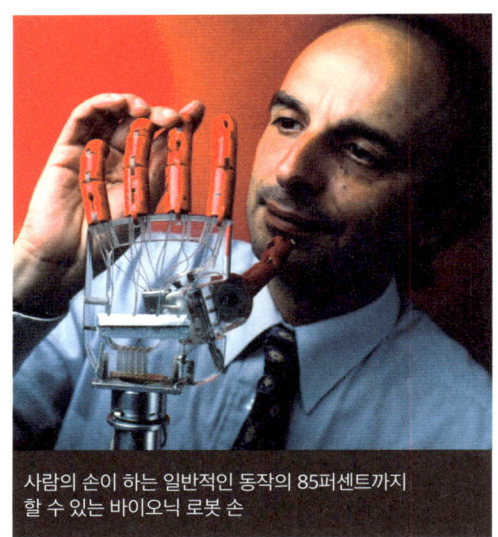

사람의 손이 하는 일반적인 동작의 85퍼센트까지 할 수 있는 바이오닉 로봇 손

아주 뛰어나요. 하지만 일상생활에는 맞지 않기 때문에 다른 의족으로 교체해야 한답니다. 그래서 사이클 선수인 요제프 메텔카 같은 경우는 각각의 활동에 맞는 의족을 12개나 갖고 있다고 해요. 진짜 자신의 몸처럼 모든 활동을 자유롭게 할 수 있는 생체 모방형 보철물은 아직 나오지 않았거든요. 이를 위한 연구는 지금도 계속되고 있답니다.

# 과학과 기술

## 트랜스휴머니즘

**트랜스휴머니즘**은 과학 기술을 이용해 인간의 신체적, 정신적 능력을 개선할 수 있다는 믿음이에요. 기술이 인간을 정신적, 육체적 한계에서 자유롭게 해 줄 것이라는 생각에 바탕을 두고 있지요. 무한한 기억력, 확실한 건강, 완벽한 지식, 원하는 대로의 신체 리모델링, 뇌와 컴퓨터 사이의 데이터 전송, 노화를 멈추게 하는 것을 넘어 죽음 자체를 없애려는 시도 등등으로 말이에요. 이런 믿음은 때로 정치나 종교에 가까운 성격을 띠기도 한답니다. 페이스북을 창업한 미국의 마크 저커버그나 구글에서 기술을 담당하고 있는 레이 커즈와일처럼 과학 기술의 유토피아를 꿈꾸는 사람들에게서 자금 지원을 받고 있기도 하고요. 하지만 대부분의 과학자들은 트랜스휴머니즘을 별로 긍정적으로 생각하지 않는답니다.

## 인공 망막

**인공 망막**은 망막에 이식하는 전자 칩이에요. 카메라가 달린 안경이 영상을 인식하면 전자 칩이 그 정보를 전기 신호로 바꾸는 것이지요. 우리 눈의 광수용체가 하는 역할을 하는 셈이에요. 이 기술을 이용하면 시각 장애인도 빛을 느낄 수 있고 혼자서 방향을 찾거나 큰 글자를 읽을 수도 있어요. 게다가 색을 구별하지 못하는 장애도 해결할 수 있답니다. 실제로 영국의 색맹 네일 하비슨은 2004년부터 안테나처럼 생긴 '아이보그'라는 장치를 이용해 색을 '듣고' 있어요! 빛의 파장을 음향으로 바꾸어 소리의 변화로 색을 느끼는 것이지요. 하비슨은 5개월 동안 이 장치에 적응하는 훈련을 거친 뒤, 그림을 멜로디로 표현하거나 색을 노래로 옮길 수 있게 되었지요.

## 인체, 기계와 접속하다

파킨슨병은 몸이 떨리고 굳어가는 중추 신경 계통의 질병이에요. 현재 이 파킨슨병과 관련된 떨림이나 근육이 굳는 증상을 완화하는 치료법으로 뇌에 전극을 삽입하는 기술이 사용되고 있답니다. 이 기술은 앞으로 인체와 기계를 접속시키는 방법으로도 사용될 것 같아요. 손에 삽입한 무선 통신용 칩을 이용해 휴대전화를 켜거나 자동차 시동을 걸고, 카드를 결제하는 등의 일을 하는 것이지요.

## 동력형 외골격

**동력형 외골격**은 옷처럼 입어서 몸의 기능을 향상시키고 보호하는 장비를 말해요. 영화에 나오는 로봇 슈트처럼 동력을 이용해 신체의 힘을 키우는 것이지요. 또 센서로 몸의 상태를 계속 확인할 수도 있고요. 몸의 운동 기능을 복구시키는 재활 의료 기기의 역할은 물론이고 육체노동에 따르는 고통을 줄여 줄 수도 있지요. 사고나 재난 현장에서 사람을 구하거나 건물을 철거하는 작업의 속도를 높이는 장비로 활용할 수도 있고요. 또 초경량 방탄복으로도 활용할 수 있어요. 실제로 미국에서는 2013년부터 외골격 형태의 첨단 전투복(TALOS: Tactical Assault Light Operator Suit)을 개발해 2018년부터 사용하고 있지요.

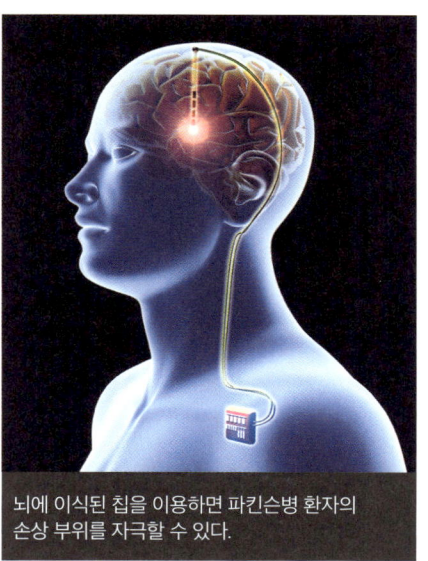

뇌에 이식된 칩을 이용하면 파킨슨병 환자의 손상 부위를 자극할 수 있다.

# 레이저 : 미래의 빛

### 용어의 기원

레이저(laser)는 영어로 '유도 방출에 의한 빛의 증폭'을 뜻하는 'Light Amplification by Stimulated Emission of Radiation'의 머리글자를 따서 만든 용어예요.

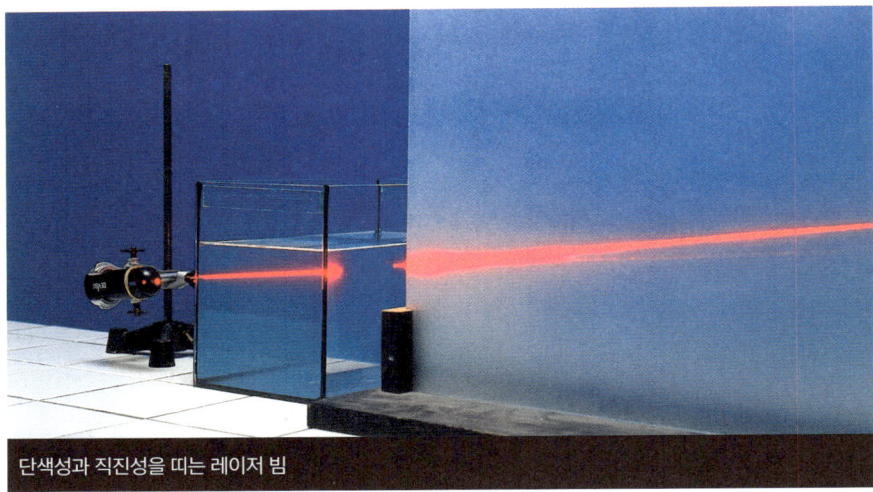

단색성과 직진성을 띠는 레이저 빔

### 레이저 광이 만들어지는 원리

원자는 외부로부터 빛과 같은 에너지를 받으면 '들뜬상태'로 변해요. 원자 안에 있는 전자 중 일부가 높은 에너지값을 가진 상태로 옮겨 가는 것이지요. 이 들뜬상태는 불안정하기 때문에 원자는 곧 처음 상태로 되돌아가요. 이렇게 원래 상태로 돌아가는 것을 '바닥상태'로 전이된다고 말해요. 이때 광자를 방출하는데, 이 방출이 자연적으로 이루어지면 광자는 아무 방향으로나 흩어진답니다. 하지만 방출된 광자가 표면으로 직접 들어오는 '입사광'에 이끌리게 되면 증폭 작용이 일어나요. 그렇게 되면 광자는 입사광과 동일한 방향, 동일한 파장으로 방출되지요. 즉 입사광에 의해 유도, 증폭된 광자들이 레이저 광을 만들어 내는 거예요.

### 광펌핑

1950년 프랑스의 물리학자 알프레드 카스틀레르는 '광펌핑'에 관한 연구로 레이저 개발의 기초를 마련했어요. 이 공로로 1966년 노벨 물리학상을 받았지요. 레이저 광을 만들어 내려면 에너지를 지속적으로 공급해서 최대한 많은 원자를 들뜬상태로 유지시켜야 해요. 동시에 입사광도 계속 쏘면서 유도 방출을 일으켜야 하고요. 이때 광펌핑을 이용하면 들뜬상태의 높은 에너지값을 가진 원자의 농도를 높일 수 있답니다.

### 레이저를 예언한 아인슈타인

아인슈타인은 1917년에 《복사의 양자 이론에 대하여》라는 논문에서 유도 방출의 원리를 설명했어요. 당시 물리학자들의 관심거리였던 흑체 복사를 설명하던 중 레이저의 존재를 예측한 것이지요. 흑체 복사는 빛을 통과시키지 않는 벽으로 둘러싸인 공간 안에서 벽과 열평형 상태를 이루고 있는 전자기파를 말해요. 1900년 독일의 물리학자 막스 플랑크가 양자의 개념을 도입할 때도, 1905년 아인슈타인이 양자 역학의 두 가지 기본적인 연구를 내놓았을 때도 이 흑체 복사에서 영감을 받았다고 해요.

## 과학과 기술

### 레이저의 형님

유도 방출은 처음에는 가시광선보다 파장이 긴 마이크로파에 적용되었어요. 그 결과 1953년 컬럼비아 대학교 연구진이 메이저(maser), 즉 유도 방출에 의해 마이크로파를 증폭시키는 장치를 개발했지요. 레이저는 이 '형님'의 이름을 따라서 붙여진 이름이랍니다. 최초의 레이저는 1960년에 미국의 물리학자 시어도어 메이먼이 발명했어요. 루비를 이용한 고체 레이저의 형태였지요. 이후 다른 결정이나 기체, 액체를 이용한 레이저도 연이어 발명되었답니다.

### 순수한 빛

레이저 빔은 직진성, 응집성, 단색성이라는 특징이 있어요. 그래서 자연적인 빛과 구분된답니다. 일반적인 빛을 이루고 있는 광자들은 사방으로 흩어지면서 방출되지요. 하지만 레이저 빔의 광자들은 퍼지지 않고 응집된 상태로 한 방향으로만 방출돼요. 또 일반적인 빛은 여러 파장이 겹쳐진 상태여서 백색을 띠지요. 하지만 레이저 빔은 하나의 파장으로만 방출되기 때문에 그 파장에 대응되는 '순수한' 단색이에요. 그리고 레이저 빔은 빛을 한 점에 집중시켰을 때처럼 단위 면적당 에너지 밀도가 아주 높답니다.

### 만능 광선

레이저는 매우 다양한 용도로 활용된답니다. 과학 분야에서는 여러 기초 연구의 발전에 큰 도움을 주었지요. 예를 들어 빛의 속도를 정확하게 측정할 수 있게 된 것도 다 레이저 덕분이거든요.

산업 분야에서 레이저는 발명과 거의 동시에 활용되기 시작했어요. 레이저로 재료를 정확하면서도 효과적으로 자를 수 있었으니까요. 의료 분야에서는 일반 메스(의료용 칼)를 쓸 수 없는 안과 수술을 가능하게 해 주었고요. 레이저로 높이나 길이를 재는 도구들은 건축을 위한 측량 등에 쓰인답니다. 군사적 용도도 빼놓을 수 없지요. 레이저 조준 장치를 이용하면 움직이는 표적도 쉽게 조준할 수 있거든요. 공연 분야에서는 특수 조명으로 활용되고 조형 예술에서는 작품의 소재로도 쓰인답니다. 우리의 생활 속에서 자주 쓰는 CD와 DVD, 바코드 기기에도 레이저가 이용되고 있어요. 레이저 포인터처럼 휴대가 가능한 레이저도 있는데, 그런 기기는 반드시 조심해서 다루어야 해요. 레이저 포인터를 눈에 직접 쏘면 각막에 돌이킬 수 없는 손상을 입을 수 있거든요!

# 컴퓨터의 시작

최초의 컴퓨터 프로그래머 에이다 러브레이스 백작 부인

### 최초의 프로그램

컴퓨터 프로그램을 처음 만든 사람은 19세기의 영국 수학자 어거스터 에이다 킹이에요. **에이다 러브레이스**라고도 불리지요. 물론 19세기에는 아직 컴퓨터가 없었어요. 러브레이스가 만든 것은 기계를 위한 특수한 언어였답니다. 1843년 영국의 수학자 찰스 배비지가 고안한 기계식 계산기에 관한 글을 쓰면서 처음으로 사용했지요. 이 언어를 사용해 베르누이 수(거듭제곱수의 합 같은 다양한 공식에 등장하는 유리수 수열)를 계산하는 기기의 프로그래밍 방법을 자세히 설명했거든요. 미국 국방부에서 개발한 '에이다 프로그래밍 언어'는 바로 그녀의 이름에서 따온 것이랍니다.

### 계산자

1970년대에 최초의 공학용 계산기가 나오기 전까지 기술자들은 제곱근이나 로그, 사인 등과 같은 복잡한 값을 빨리 알아내기 위해 **계산자**라는 기계 장치를 사용했어요. 자의 정확성도, 자를 다루는 사람의 전문성도 기초적인 수준에 불과했지요. 하지만 아인슈타인의 이론과 양자 역학, 최초의 우주 비행, 우주의 팽창에 관한 법칙들이 모두 이 계산자를 거쳐 탄생했답니다. 하지만 과학자들은 이에 만족하지 않고 계속해서 계산을 더 빠르고 정확하게 자동으로 할 수 있는 방법을 연구했어요. 다루는 값이 점점 커지고 있었거든요.

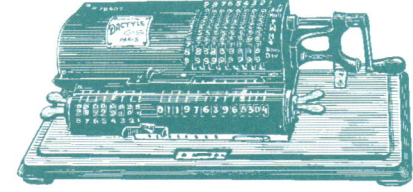

최초의 계산기 중 하나

### 공간을 절약하다

초기의 **컴퓨터**는 크기가 엄청났어요. 이는 컴퓨터 기술과 관련이 있었지요. 진공관을 부품으로 사용했거든요. 진공관은 깨지기 쉽고 공간을 많이 차지하면서 열도 많이 나는 거대한 유리관이었어요. 이후 진공관은 크기가 훨씬 작은 트랜지스터로 대체되었답니다. 덕분에 컴퓨터의 크기가 많이 줄어들었지요. 트랜지스터는 전류를 증폭시키고 스위치 작용을 하는 반도체 소자예요. 요즘에는 모든 전자 기술들이 트랜지스터를 기본으로 하고 있지요. 최근에 나온 컴퓨터 마이크로프로세서에는 나노미터 수준으로 크기가 작아진 트랜지스터가 수억에서 수십억 개나 들어 있답니다!

### 최초의 컴퓨터

최초의 컴퓨터는 제2차 세계 대전 중에 개발되었어요. 미사일이 날아가는 궤도(탄도)를 계산하거나 군사 암호를 해독하기 위해 필요했거든요. 무게가 무려 몇 톤에 달했고, 길이도 수십 미터나 됐지요. 컴퓨터에 연결된 전선만 해도 몇 킬로미터에 달했어요. 게다가 손으로 스위치와 플러그를 조정하는 수동식이었고요.

# 과학과 기술

### 컴퓨터의 언어

미국의 컴퓨터 과학자 그레이스 호퍼는 1959년 컴퓨터 프로그래밍 언어인 **코볼**을 개발했어요. 이것은 매우 혁신적인 일이었어요. 왜냐하면 코볼은 영미권 일상생활에서 쓰는 영어와 같은 문법으로 되어 있었거든요. 그래서 컴퓨터 전문가가 아닌 사람들도 쉽게 이해하고 사용할 수 있었답니다. 이후 문법 체계를 더 단순화하고 새로운 응용 프로그램에 사용하기 위해 JAVA나 C++, Python, PHP 등 다른 프로그래밍 언어들도 많이 개발되었어요.

### 화면의 변화

지금은 손이나 펜 등을 이용하는 **터치스크린**으로 컴퓨터를 조작할 수 있는 시대지요. 하지만 1981년까지는 그림이나 도형 등 그래픽으로 된 인터페이스가 없었답니다. 당시의 컴퓨터 화면은 단순했어요. 컴퓨터로 원하는 기능을 실행시키기 위해서는 필요한 문자를 입력해야 했는데, 모니터는 그 문자를 보여 주는 배경일 뿐이었거든요. 명령의 전달은 키보드나 구멍 뚫린 카드를 읽는 리더기로 이루어졌답니다.

### 윈도우, 맥OS, 리눅스

컴퓨터 **운영 체제**는 컴퓨터의 본체와 모니터, 키보드 등과 같은 하드웨어들이 잘 작동하도록 하고 응용 소프트웨어들이 잘 실행될 수 있는 환경을 제공해 컴퓨터를 편리하게 사용할 수 있도록 해 주는 소프트웨어예요.

운영 체제는 크게 세 종류가 있어요. 윈도우, 맥OS, 리눅스지요. 그중 제일 많이 사용되는 것은 마이크로소프트에서 개발한 윈도우예요. 윈도우의 장점은 모든 컴퓨터에 설치가 가능하고 호환성이 좋다는 것이에요. 맥OS는 애플에서 개발했어요. 사과 모양의 로고가 박힌 매킨토시 컴퓨터에 적용되는 체제지요. 안정성이 높은 것으로 유명하답니다. 리눅스의 마스코트는 펭귄이에요. 누구나 무료로 이용할 수 있는 운영 체제지요. 용량이 작아서 모든 형태의 기기에 설치할 수 있어요. 우분투, 페도라, 데비안, 레드햇 등 배포판에 따라 다양한 그래픽 환경을 구현할 수 있고요. 시스템의 개발과 지원, 변화는 모두 사용자 커뮤니티의 의견에 따라 좌우된답니다.

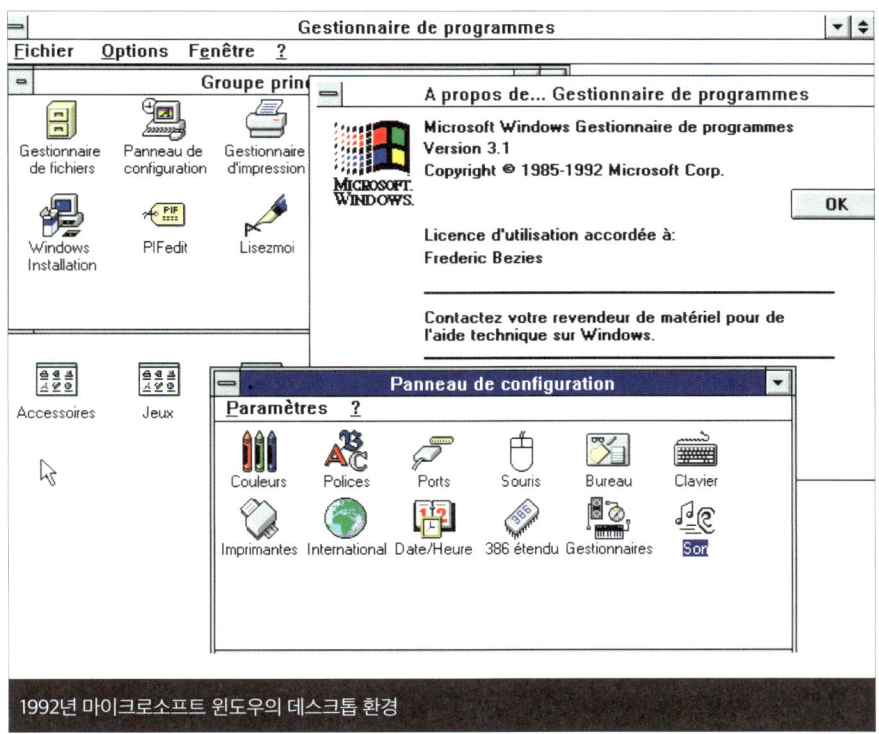

1992년 마이크로소프트 윈도우의 데스크톱 환경

# 인터넷 : 전 세계를 연결하다

### 데이터를 나누어 전송하다

1961년 미국의 컴퓨터 과학자 **레너드 클라인록**은 데이터의 패킷 전송에 관한 이론을 내놓았어요. 데이터를 작은 단위로 나누어 네트워크에 전송하는 방법이었지요. 이 원리를 이용한 것이 바로 인터넷이랍니다.

### 컴퓨터들의 네트워크

컴퓨터들이 서로 연결되어 네트워크를 이루고 있는 것이 **인터넷**이에요. 인터넷은 자료 공유를 위해 만들어졌어요. 컴퓨터가 고장 나 원하는 자료를 이용하지 못하게 될 경우에 대비할 수도 있고요. 해당 자료가 인터넷에 있으면 다른 컴퓨터를 통해서도 접근할 수 있잖아요. 또 비용을 절감할 수 있다는 장점도 있지요. 대륙과 대륙 사이처럼 먼 거리는 무선 통신이 불가능하니 실제 통신선을 연결해야 해요. 그래서 해저 케이블을 설치하지요. 현재 전 세계 국제 전화와 인터넷의 해외 연결망 트래픽의 약 90퍼센트 이상을 해저 광케이블이 감당하고 있다고 해요.

### 인터넷의 시초

1969년 미국의 국방부 고등연구계획국은 **아르파넷** 프로젝트를 시작했어요. 컴퓨터 연결 시스템을 통합하는 네트워크를 만들어 모든 기관의 컴퓨터를 그물처럼 연결하려는 시도였지요. 이 프로젝트는 1972년에 처음으로 사람들에게 공개되었답니다. 이어서 전자 우편(이메일) 서비스도 빠르게 개발되었고요. 이후 인터넷으로 진화한 네트워크는 30년 뒤 3억 7000만 명이 넘는 사용자를 확보하게 되지요.

### 웹의 탄생

인터넷이 컴퓨터의 연결을 가능하게 해 주었다면 **웹**은 데이터에 대한 접근을 편리하게 만들어 주었답니다. 최초의 웹사이트는 1989년 유럽원자핵공동연구소(CERN)의 팀 버너스 리가 제작했어요. 그 첫 페이지에는 '월드와이드웹(World Wild Web)'에 대한 계획과 사용된 기술이 설명되어 있지요. 1993년에는 웹의 소스 코드가 공개되었어요. 즉 웹을 만들 수 있는 방법을 알려준 것이지요. 이어서 최초의 그래픽 웹브라우저인 모자이크(Mosaic)도 등장했어요. 1993년 말에는 웹페이지들을 처리하기 위한 웹서버가 이미 500개나 되었답니다!

---

### 인터넷 통신

프로토콜은 통신 시스템의 데이터 교환에 사용하는 규칙이에요. 통신 프로토콜은 1983년부터 사용되기 시작했어요. 바로 TCP/IP 체계랍니다. IP는 '인터넷 프로토콜'의 약자예요. 인터넷에 연결된 각 컴퓨터에 주어지는 주소를 뜻하지요. 0에서 255에 이르는 숫자 네 개로 이루어져 있고, 이 주소를 통해 데이터를 보낸 사람과 받은 사람이 누구인지 알 수 있답니다. TCP는 '전송 제어 프로토콜'의 약자예요. 데이터의 온전한 송수신을 담당한답니다.

# 과학과 기술

### 웹의 용어

웹은 자신만의 용어를 가지고 있어요. URL은 웹페이지의 주소를 뜻해요. 웹페이지의 내용과 형태는 HTML이라는 특수한 언어로 편집되고요. HTML 문서에는 클릭을 통해 연결된 웹페이지로 이동할 수 있게 해 주는 하이퍼텍스트와 하이퍼링크가 포함되어 있어요. HTTP는 웹브라우저와 서버 사이의 문서 전송을 가능하게 해 주는 통신 규약이고요.

### 클라우드, 실용적이지만 보안이 문제

**클라우드 컴퓨팅**은 사용자가 인터넷에 있는 가상의 공간을 통해 IT 자원을 이용할 수 있는 컴퓨팅 환경을 뜻해요. 데이터를 컴퓨터 같은 단말기가 아니라 인터넷상의 서버에 저장해 두고 컴퓨터나 스마트폰, 태블릿 등 아무 기기에서나 이용할 수 있게 해 준답니다. 클라우드 서비스는 매우 실용적이기는 하지만 데이터를 공유하기 때문에 보안에 문제가 생길 수도 있다는 단점도 있어요.

### 무선 인터넷

인터넷 접속 서비스는 스마트폰의 등장으로 1999년부터 크게 발전했어요. 무선 통신은 국제 기준인 무선 애플리케이션 프로토콜, 즉 WAP와 함께 시작되었어요. 당시에는 초당 9.6킬로바이트의 데이터를 전송할 수 있었지요. 지금은 초당 최대 20기가바이트를 전송할 수 있는 **5G 시대**랍니다. 속도는 빨라지고 비용은 저렴해졌지요. 2030년에는 전 세계 가정에서 인터넷에 접속하는 가구의 3분의 1이 유선이 아닌 무선 네트워크를 이용하게 될 거라는 전망도 나와 있어요.

### 인터넷의 또 다른 얼굴

**딥웹**은 일반적인 검색 엔진으로는 검색되지 않는 웹을 말해요. 일반적인 웹의 규모보다 400배 정도 규모가 클 것으로 추측되지요. 딥웹을 이용하면 중국이나 이란, 러시아처럼 감시와 검열이 심한 국가에서도 자유로운 인터넷 활동이 가능하답니다. 그래서 군인이나 기자, 내부 고발자 등 자신의 신원이 드러나지 않기를 바라는 사람들이 사생활을 보호하기 위해 딥웹을 사용하기도 해요. 물론 불법적인 거래를 위해 이곳을 찾는 사람들도 있고요.

# 생물 정보학 : 생물을 디지털화하다

### 새로운 생물학

**생물 정보학**은 생물의 유전 정보와 관련된 데이터를 컴퓨터로 연구하는 학문이에요. '생물 정보학' 이라는 말은 1970년에 네덜란드의 파울리언 호그베흐와 벤 헤스터르가 처음 만들어 냈어요. 이때에는 컴퓨터를 이용한다는 내용이 없었지요. 그냥 '생물 시스템의 정보 처리에 관한 연구'라고만 말했답니다.

### 분자 유전학

**분자 유전학**은 생물의 유전 현상을 분자 차원인 DNA 수준에서 연구하는 학문이에요. 머리카락 색깔이나 눈동자 색깔 등 우리 몸의 모든 정보를 담고 있는 물질을 '유전 물질'이라고 해요. 그리고 우리 몸을 이루는 대표적인 유전 물질이 DNA이고요. 이 DNA(때로는 RNA)를 연구하는 분자 유전학은 정보 과학의 발전을 이끈 정보 이론이나 기계와 동물의 정보 전달 구조를 연구하는 사이버네틱스와 처음부터 밀접한 관계를 맺어 왔어요. 유전자 코드와 유전자의 해독 및 번역, 유전 정보 같은 핵심적인 개념들이 다 이 분야들에서 왔거든요. 그래서 유전자를 두고 '프로그램'이라는 용어를 가끔 쓰기도 하는데, 이건 살짝 지나치다는 의견도 있어요. 어쨌든 이런 관계인 만큼 분자 유전학과 정보 과학이 계속해서 가까운 관계를 맺어 온 건 어쩌면 당연한 일이라고 할 수 있겠지요.

### DNA를 분석하라!

한 생물의 모든 유전 물질(DNA)의 정보를 게놈이라고 해요. 게놈을 이루는 **DNA의 염기 서열**은 워낙 길고 복잡해서 컴퓨터 없이는 연구하기가 힘들답니다. 다행히 1977년 영국의 생화학자 프레더릭 생어가 DNA 시퀀싱, 즉 DNA 염기 서열을 밝히는 데 사용되는 기술을 개발했어요. 이 기술의 분석 속도는 평균 15개월에서 18개월마다 두 배로 증가할 정도로 빠르게 발전했지요. 그런데 컴퓨터의 정보 처리 능력은 그 속도를 따라가지 못하고 있어요. 그래서 많은 DNA 서열이 해석을 기다리고 있지요. 이런 게놈 해독 작업이 생물 정보학의 주요 과제랍니다.

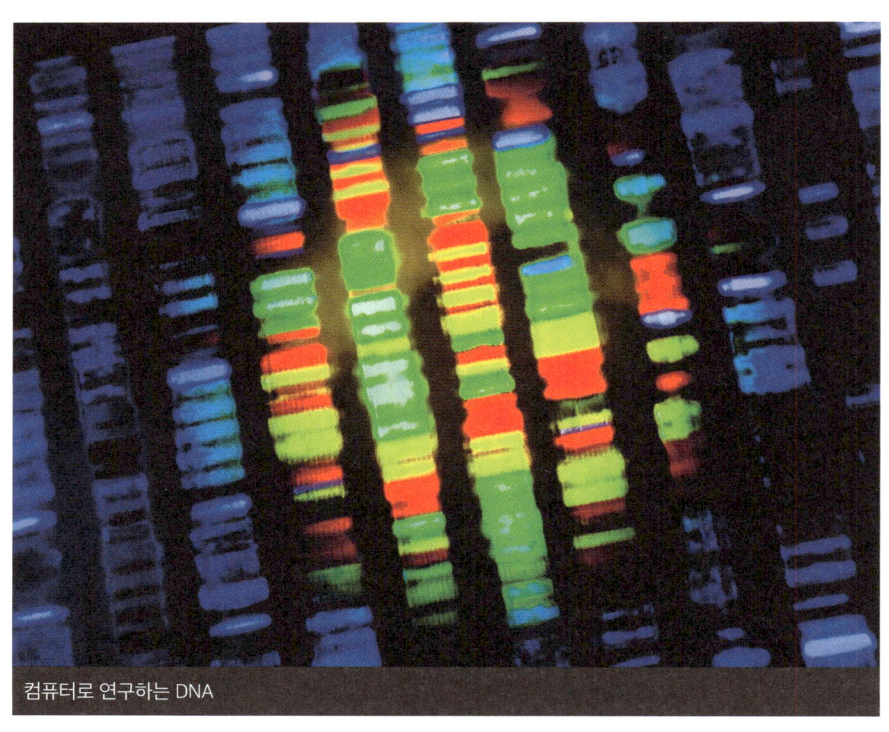

컴퓨터로 연구하는 DNA

## 과학과 기술

### 생명의 데이터를 모으다

DNA 관련 기술은 유전자 서열을 정리하는 것을 넘어 어마어마한 '데이터 뱅크'를 구축할 수 있는 수준에 이르렀어요. 컴퓨터의 발전 덕분이지요. 이제 생물의 게놈을 해석하거나 비교하고 특정 서열을 따로 연구하는 등의 작업을 보다 효율적으로 할 수 있게 된 거예요.

### DNA에서 단백질까지

생물 정보학은 DNA만 다루는 것이 아니에요. DNA는 우리 몸의 대부분을 구성하는 **단백질**의 정보를 담고 있어요. 생물 정보학은 이런 단백질 그리고 단백질과 게놈 사이의 관계도 연구하지요. 시뮬레이션을 통해 DNA의 기본 단위인 뉴클레오티드 서열이 아미노산 연쇄로 바뀌어 단백질을 형성하는 과정을 살펴보고, 단백질의 삼차원 구조에 관한 이론적 모형을 세우는 것이에요. 조상에게서 자손으로 이어지는 유전적 변이가 단백질의 형태와 기능에 미치는 영향을 시뮬레이션으로 알아볼 수도 있고요. 이 작업은 특히 유전병 치료를 위한 의학 연구에 많이 활용되고 있답니다.

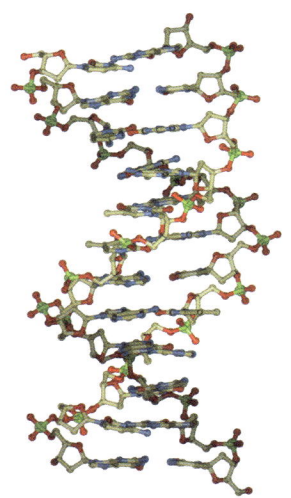

이중 나선 구조로 되어 있는 DNA

### DNA 자료실

유전자 서열을 정리해 둔 데이터 뱅크의 **자료**는 국가나 국제기구가 관리하고 있어요. 예를 들어 미국 국립생물공학정보센터(NCBI)는 공공 DNA 데이터베이스 '젠뱅크(GenBank)'를 운영하고 있답니다. 알려진 모든 뉴클레오티드 서열과 관련 단백질에 대한 정보를 관리하고 있지요. 미국의 에너지부는 1990년에 인간 게놈 프로젝트를 시작했어요. 이 프로젝트는 민간 기업인 '셀레라 제노믹스'의 크레이그 벤터가 2000년에 최초의 완전한 인간 게놈 서열을 공개하면서 속도가 붙었답니다. 이때 벤터가 공개한 인간 게놈 서열은 자신의 것이었다고 해요! 덕분에 원래 목표했던 것보다 빠른 2003년에 프로젝트가 완료되었지요.

### 더불어 발전한 진화생물학

생물학의 정보를 데이터화한 덕분에 진화 생물학도 크게 발전했어요. 수많은 생물의 게놈을 비교해 유전적으로 비슷한 정도를 밝힐 수 있었거든요. 덕분에 정확한 계통수를 작성할 수 있게 되었지요. 계통수란 동물이나 식물의 진화 과정을 나무의 줄기와 가지의 관계로 나타낸 것이랍니다.

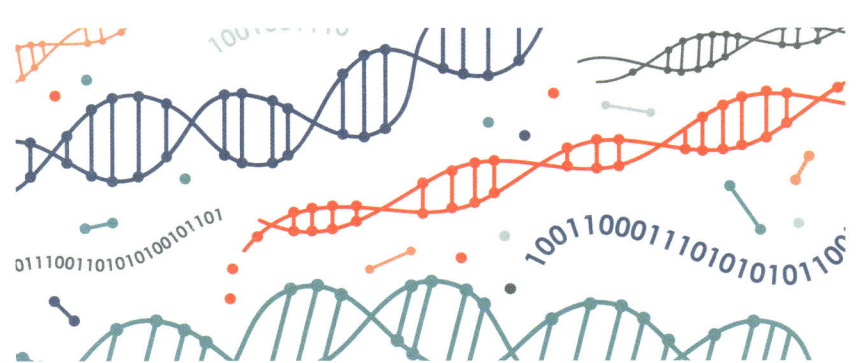

# 빅데이터 : 인간의 패턴을 예측하다

인터넷을 통해 데이터를 저장 및 배포하는 장비가 모인 데이터 센터

### 데이터 과학

데이터 과학은 수학과 통계학, 정보 과학을 이용해 수많은 데이터들로부터 유용한 지식과 이론적인 모형들을 이끌어 내는 학문이에요. 예를 들어 도시의 인구 이동을 분석하면 대중교통의 운행 횟수를 적절하게 조절할 수 있지요. 대형 박물관에서 휴대전화가 많이 사용되는 곳을 분석하면 관람객이 많이 찾는 지점을 실시간으로 파악해 관람 코스를 효율적으로 짤 수도 있고요.

### 어마어마한 사용자

인터넷과 관련된 수치들은 너무 어마어마해서 현기증이 날 정도예요. 2021년 기준 전 세계 인터넷 사용자 수는 약 49억 명으로 추정되었어요. 2022년 현재 전 세계 인구가 79억 5000만 명을 넘어섰으니, 세계 인구의 절반을 훌쩍 넘는 사람들이 인터넷을 이용하고 있는 셈이지요.

### 사람들은 접속 중!

2020년 기준 세계에서 가장 많은 SNS 활성 계정 수를 지닌 채널은 페이스북이었어요.
당시 24억 4900만 명의 사용자를 보유하고 있는 것으로 조사되었지요. 2위는 유튜브(20억 명), 3위는 왓츠앱(16억 명), 4위는 페이스북 메신저(13억 명), 5위는 위챗(11억 5000만 명), 6위는 인스타그램(10억 명) 등이었답니다.

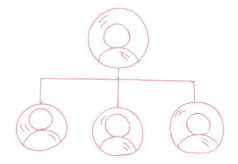

### 빅데이터

빅데이터는 말 그대로 엄청난 양의 데이터를 가리켜요. 사람들은 인터넷에서 활동하며 데이터를 남기고 있어요. 거대 웹 기업들은 이렇게 생겨난 수많은 데이터에서 정보를 얻고 가치를 끌어내지요. 그 과정에서 생겨난 개념이 바로 '빅데이터'랍니다. 이메일, GPS 데이터, 동영상, 금융 거래 등이 모두 빅데이터에 속해요. 정보의 종류와 형태는 제각각이지만 인터넷을 통한 빠른 이용과 저장이 가능하다는 공통점이 있답니다.
빅데이터에 대한 관심이 높아지면서 함께 주목받고 있는 것들이 있어요. 인터넷으로 접속하는 가상 저장 공간인 클라우드와 데이터 분석 도구 같은 것들이지요. 이런 빅데이터 관련 기술과 시장은 앞으로 훨씬 더 확대될 것으로 보여요.

## 과학과 기술

### 빅데이터의 활용

사람들이 **온라인 쇼핑몰**에서 무엇을 사고 어떤 식으로 쇼핑몰을 이용하는지 등의 데이터를 수집하고 분석하면 소비자에게 맞춤형 제품을 추천할 수 있어요. 실제로 현재 많은 기업들이 이렇게 데이터를 이용해 이윤을 높이고 있지요. 쇼핑 관련 데이터는 우리의 미래를 계획하는 데도 이용할 수 있어요. 예를 들어 자주 구입하는 식품들을 통해 식습관을 분석하면 특정 질환에 걸릴 위험성을 예측할 수 있지요. 이를 바탕으로 보험에 가입하거나 필요한 운동을 할 수도 있고요.

### 나에게도 법률 비서가?

**가상 법률 비서** 서비스도 개발되고 있답니다. 우선 수많은 법률 데이터를 수집하고 분석해 알고리즘을 만들어요. 그리고 그것을 이용해 다양한 법적 분쟁을 해결하거나 재판에서 이길 확률을 계산할 수 있게 해 주는 것이지요.

디지털을 통해 이루어지는 감시 행태를 고발하면서 디지털 시대의 위험을 알린 에드워드 스노든

### 알고리즘

**알고리즘**은 사전에서 단어 찾기나 체스에서 좋은 수 두기, 방의 온도 유지하기 같은 반복적인 작업들을 효과적으로 실행할 수 있게 해 준답니다. 알고리즘을 만드는 방법은 요리 레시피를 작성하는 과정과 비슷해요. 먼저 실행해야 할 작업의 목록을 작성한 다음 그 실행 순서를 정해요. 문제가 생기면 해결책을 찾아 결정을 내릴 수 있게 하고요. 알고리즘은 우리 주변 곳곳에서 사용되고 있답니다. 창고의 재고 관리나 가장 빠른 길 찾기 등이 모두 알고리즘을 이용한 프로그램이에요.

### 데이터의 위험성

미국의 정보기관 국가안보국(NSA)에서 근무하던 컴퓨터 과학자 에드워드 스노든은 2013년에 놀라운 폭로를 했어요. 미국과 영국이 1970년대부터 협정을 통해 세계적으로 수많은 데이터를 불법으로 탐색하고 여러 나라를 감시해 왔다는 내용이었지요. 원래 목적은 테러에 맞서기 위해서였다고 해요. 그런데 각국의 정치와 산업은 물론이고 무역에 관련된 전략과 비밀까지 알아내 전 세계 외교를 마음대로 주물러 왔다는 거예요. 이 고발을 계기로 사람들은 데이터의 위험성을 진지하게 생각해 보게 되었답니다. 이런 엄청난 일을 세계에 알린 스노든은 생명에 위협을 느끼고 급히 외국으로 망명했지요.

97

# 양자 컴퓨터 : 미래의 컴퓨터?

양자 마이크로프로세서 시제품

### 더 이상은 작아질 수 없다!

컴퓨터 기기들은 지금까지 계속해서 작아져 왔어요. 이제는 더 이상 작아질 수 없을 정도로 최소화되었지요. 그 결과 어른 머리카락 굵기의 10만분의 1에 해당하는 나노미터 수준까지 컴퓨터 부품이 작아졌어요. 여기서 더 작아지면 기기 작동에 따른 전자파를 견디지 못할지도 몰라요. 그렇다면 앞으로 컴퓨터는 어떻게 발전하게 될까요? 아마도 크기는 키우지 않으면서 연산 능력을 높이는 방향이 되겠지요. 양자 컴퓨터가 하나의 해결책이 될 수도 있답니다.

### 한계가 없는 컴퓨터

양자 역학 차원의 입자는 동시에 여러 값을 가질 수 있어요. 슈뢰딩거의 고양이 실험에서 보여 준 '상태의 중첩'이라는 현상 때문이지요. 따라서 양자 컴퓨터는 다른 컴퓨터들처럼 이진법의 0과 1을 순서대로 처리하지 않아요. 0과 1로 만들 수 있는 모든 상태를 합쳐서 한꺼번에 해결하지요. 그래서 이론에 따르면 양자 컴퓨터는 연산 능력에 한계가 없답니다.

### 양자 컴퓨터의 부품

양자 컴퓨터의 부품은 우리가 아는 일반적인 부품들과 다르답니다. 트랜지스터, 저항 장치, 다이오드 등을 다른 것으로 대체해야 하거든요. 현재 그 '다른 것'들을 연구하는 중이지요. 예를 들어 전자를 원자 상자에 가둔 뒤 레이저를 이용해 들뜬상태와 바닥상태 사이를 유지하도록 만드는 방법도 가능할 수 있어요. 들뜬상태와 바닥상태를 각각 1과 0이라고 생각하면 양자 컴퓨터의 기본 단위인 '큐비트'가 되거든요. 일반 컴퓨터가 0 또는 1의 값을 갖는 '비트'를 기본 단위로 하듯이 말이에요. 액체나 기체를 이용해 양자 컴퓨터를 만드는 방법도 연구 중이라고 해요.

### DNA를 저장 장치로

일부 컴퓨터 과학자들은 DNA를 일종의 언어 체계라고 생각해요. 네 개의 기호로 많은 데이터를 코드화할 수 있으니까요. 그래서 시작된 것이 DNA를 저장 장치로 활용하려는 연구랍니다. DNA는 공간을 아주 적게 차지하면서도 엄청난 양의 데이터를 저장할 수 있는 장치가 될 수 있거든요. 또 수명이 매우 길다는 장점도 있고요. 이와 관련해 의미 있는 실험이 이루어지기도 했어요. 아르키메데스의 정리를 DNA 형태로 코드화한 다음 그 단편을 아주 작은 유리 캡슐에 담아 극한의 조건 속에 놓아 본 거예요. 결과가 어땠을까요? 이 DNA는 데이터 손상 없이 모든 테스트를 통과했답니다!

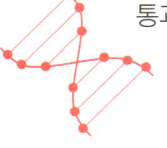

# 과학과 기술

## 아직은 거대한 계산기에 불과하지만

많은 대기업들이 **양자 컴퓨터** 개발에 힘쓰고 있어요. 하지만 지금까지 양자 컴퓨터라는 이름으로 나온 기기들은 사실상 계산기에 불과하답니다. 구글과 미국 항공우주국(NASA)이 함께 내놓은 양자 컴퓨터 모델 D-Wave-X2 역시 마찬가지였어요. 프로그래밍이 가능하거나 일련의 소프트웨어를 갖춘 컴퓨터와는 거리가 멀었지요. 매우 복잡한 계산을 '보통' 컴퓨터가 할 수 있는 것보다 1억 배 빠르게 할 수 있다고 해도 할 수 있는 일이 그것뿐이라면 결국은 일종의 거대한 계산기라고 할 수 있지 않을까요?

최초의 양자 컴퓨터 D-Wave

D-Wave-X2를 위해 개발된 메커니즘

## 결맞음과 결어긋남

양자 컴퓨터가 작동하려면 **결맞음**이 필요해요. 즉 양자 역학적인 상태가 유지되어야 한다는 뜻이에요. 그래서 양자 역학적인 상태가 일반적인 상태로 돌아가는 '결어긋남'을 막는 것이 중요하답니다. 양자 컴퓨터가 결어긋남 상태가 되면 주변 환경과 영향을 주고받아 계산 오류가 발생하게 되거든요.

## 양자 컴퓨터가 왜 필요할까?

양자 컴퓨터는 계산할 때 변수가 아주 많더라도 빠르게 답을 구할 수 있다는 것이 **장점**이에요. 그래서 자동 추진 항공 시스템의 개발이나 대중교통망의 실시간 관리 등에 활용하기 좋지요. 또 해킹이 불가능한 암호 체계를 만든다거나 외계 행성을 탐색하는 일, 인공 지능을 개선하는 작업 등에 도움을 줄 수도 있고요.

# 이진법의 세계

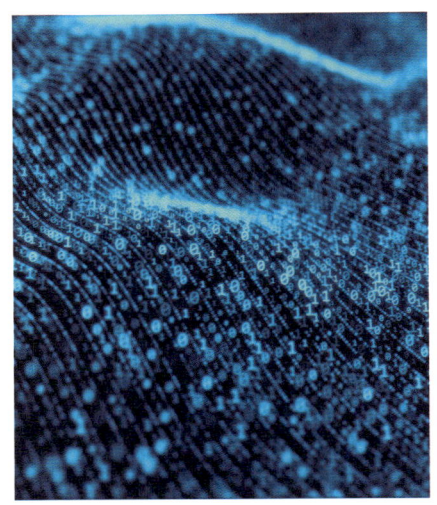

### 제3차 산업 혁명

**제3차 산업 혁명**은 정보를 주고받는 방식이 아날로그에서 디지털로 바뀌면서 일어났다고 할 수 있어요. 아날로그는 바늘시계처럼 연속된 값을 가지는 반면 디지털은 전자 시계처럼 숫자를 보여 주는 식으로 끊어져 있는 비연속적인 값을 가진답니다. 전자 시계가 바늘 시계보다 읽기가 더 쉽죠? 그래서 아날로그보다 파악이 쉬운 디지털 정보는 전 세계에 걸쳐 즉각적으로 빠르게 확산되었답니다. 이렇게 사람들이 정보에 쉽게 접근할 수 있게 되면서 많은 부분에 변화가 일어났어요. 특히 경제와 소비의 모습에 큰 변화를 가져왔지요. 이제 소비자는 온라인으로 제품을 비교할 수 있고, 다른 구매자가 남긴 평가를 참고할 수도 있어요. 경제학자들은 앞으로 이런 현상이 더욱 확대될 거라고 말한답니다.

### 전자 기기와 이진법

이진법은 **0과 1**로만 수를 나타내는 방식이에요. 보통 우리가 사용하는 0부터 9까지 열 개 수를 쓰는 방식은 십진법이고요. 예를 들어 십진법의 수 0부터 5까지를 이진법으로 바꾸면 각각 0, 1, 10, 11, 100, 101이 된답니다. 십진법에 익숙한 우리는 이해하기가 쉽지 않지요. 하지만 전자 기기의 입장에서는 아주 편리하답니다. 데이터를 쉽게 저장하거나 전송할 수 있거든요. 전자 기기를 구성하는 트랜지스터는 켜거나(1) 끄거나(0)의 두 가지 동작만 하는 일종의 스위치에 해당하기 때문이에요. 데이터를 편리하게 변환하기 위해서 십육진법을 쓰기도 해요. 이진법의 0과 1을 한 묶음으로 '비트'라고 하는데, 이 비트를 여덟 개 묶어서 '바이트'로 나타내는 것이지요.

현재 과학 기술의 핵심적 요소에 해당하는 트랜지스터

### 0과 1

정보 과학은 이진법 덕분에 혁신을 맞을 수 있었답니다. 전기와 관련된 두 가지 기본적인 정보를 간편하게 표현할 수 있었거든요. 즉 전류가 흐르느냐 흐르지 않느냐를 0과 1이라는 두 값으로 나타내 디지털 체계로 나아갈 수 있었던 것이에요.

### 아날로그와 디지털

**디지털**은 아날로그와 반대되는 개념이에요. 예를 들어 어떤 값을 측정할 때 아날로그 방식은 값의 크기를 직접 보여 주지요. 하지만 디지털 방식은 그 값을 숫자로 나타낸답니다. 양팔 저울과 디지털 저울을 생각해 보면 이해가 쉬울 거예요. 양팔 저울은 바늘의 움직임으로 양쪽 접시의 균형을 보여 주잖아요? 디지털 저울은 킬로그램이나 그램 같은 숫자로 보여 주고요.

# 과학과 기술

### 디지털 흔적에 담긴 정보

인터넷상의 여러 활동은 다른 사용자들이 볼 수 있는 흔적을 남겨요. 이것을 '디지털 흔적'이라고 한답니다. 블로그, 댓글, SNS 등등에 남긴 글이나 사진 같은 것들 말이에요. 이런 디지털 흔적은 그 사람의 관심 분야나 활동, 언어 수준, 사회 성향 등의 정보를 담고 있어요. 그래서 요즘은 회사에서 사람을 뽑을 때 이런 디지털 흔적을 참고하기도 한답니다.

### 온라인 광고의 비밀

인터넷에서 웹사이트를 방문하면 **쿠키**라는 작은 파일이 만들어져요. 그리고 그 사이트에 접속한 컴퓨터나 태블릿, 스마트폰 같은 장치들에 저장되지요. 말하자면 인터넷을 사용한 증거 같은 것이라고 할 수 있어요. 쿠키는 최대 13개월까지 유지된답니다.

쿠키가 만들어지는 이유는 편의성 때문이에요. 누군가가 어떤 사이트를 방문했을 때 만들어진 고유한 쿠키는 그 사이트를 다시 방문했을 때 그 사람을 알아차리는 데 사용되지요. 그래서 환경 설정을 다시 하거나 아이디, 비밀번호 같은 정보를 다시 입력할 필요 없이 곧바로 이용할 수 있게 해 주거든요.

쿠키에는 그 사람이 본 내용이나 입력한 검색어도 저장돼요. 쿠키를 분석하면 그 사람의 기호가 드러나지요. 그래서 광고 시장에서 유용하게 쓰인답니다.

### 디지털 도서관

**디지털 도서관**은 책이나 지도, 악보 같은 다양한 자료들을 디지털화해서 전자 기기를 통해 찾아볼 수 있도록 한 시스템이에요. 사는 지역에 상관없이 쉽게 이용할 수 있고 구하기 어려운 자료도 많이 갖추고 있다는 장점이 있지요. 프랑스 국립도서관의 디지털 도서관 '갈리카(Gallica)'에서는 400만 건이 넘는 자료를 자유롭게 찾아볼 수 있답니다. 우리나라도 국립디지털도서관을 운영하고 있어요. 각종 디지털 자료의 열람과 디지털 기기 이용 같은 서비스 제공뿐 아니라 차세대 연구자들의 연구를 위해 대한민국 국적의 웹사이트를 일정 주기마다 모아서 보관도 하고 있답니다.

디지털 도서관 '갈리카'의 메인 화면

# 사람을 치료하는 과학 기술

### 생체 재료

의료 분야에서는 사람 신체의 조직을 대체하거나 보완하기 위해서 **생체 재료**를 활용하고 있어요. 자연에서 추출하거나 인공적으로 만들어 낸 재료들이지요. 생체 재료로 사용되려면 생체 적합성을 갖추고 있어야 한답니다. 독성이 없어야 하고 면역 거부 반응을 일으키지 않아야 하지요. 화학적으로나 기계적으로 내구성, 지속성도 있어야 하고요. 현재는 티타늄, 세라믹, 산호, 폴리머 등이 생체 재료로 사용되고 있어요.

산호

### 생체 공학 기술을 의학에

**의용 생체 공학**은 '의공학'이라고도 불려요. 생체 공학 기술을 의학에 이용하는 분야지요. 예를 들어 뼈 조직에 대한 생체 공학적 연구는 뼈 이식 수술의 개선에 도움이 된답니다. 최근에는 인공 뼈 조직과 연골을 만들어 내기 위한 연구가 집중적으로 이루어지고 있어요. 다양한 생체 재료를 줄기세포나 골수 세포와 결합시키는 방법을 통해서 말이에요.

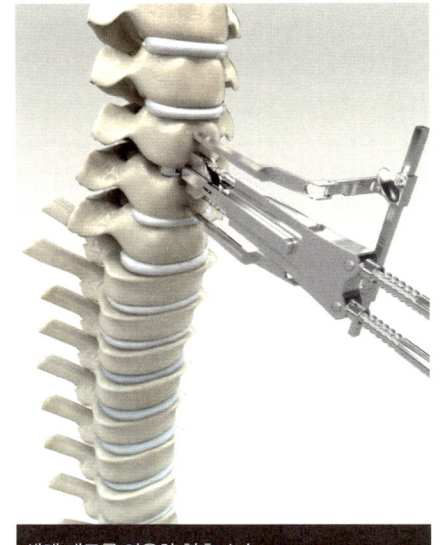

생체 재료를 이용한 척추 수술

### 접속의 시대

착용만 하고 있으면 운동량이나 심장 박동, 수면 리듬 등을 알아서 체크해 주는 웨어러블 디바이스가 점점 많아지고 있어요. 안경, 시계, 만년필, 운동화 등등 종류도 다양하지요. 이제 건강도 '접속'으로 챙기는 시대예요. 대표적인 예가 '원격 진료'랍니다. 자신이 직접 측정한 건강 관련 데이터를 의사에게 바로 전송해 진단할 수 있도록 하는 방식이지요. 원격 진료가 원활해지면 의료 비용을 아낄 수 있을 뿐만 아니라, 의료 취약 지역의 문제도 일부 해결할 수 있어요.

### 까다로운 피부 이식

**피부**는 다양한 기능을 해요. 촉각, 열, 통증 등을 느끼는 감각 기관이기도 하고 빛을 차단하거나 해로운 외부의 자극으로부터 몸을 지키는 등의 보호 기능도 한답니다. 땀이나 오한 등으로 체온을 조절하는 역할도 하고요. 그래서 한번 손상되면 복원하기가 어려워요. 게다가 세 개의 층으로 이루어진 복잡한 구조와 주름, 감촉 같은 부분도 신경을 써야 하니까요. 그래서 피부 이식 수술은 환자 자신의 건강한 피부를 이용하는 자가 이식이 제일 좋아요. 주로 허벅지 부위의 피부에서 표피 세포를 추출해 배양한 다음 손상된 부위를 덮는 방식이지요.

# 과학과 기술

### 바이오 3D 프린팅

**바이오 3D 프린팅**은 줄기세포 배양액으로 만든 바이오 잉크를 이용해 3D 프린터로 인체의 조직을 만들어 내는 기술이에요. 아직 실험 단계이긴 하지만 재생 의학을 위한 새로운 방법으로 떠오르고 있지요. 이 기술을 이용하면 상처를 아주 빠르게 회복시킬 수 있거든요. 조직 1제곱센티미터를 만드는 데 2분 정도밖에 걸리지 않는다고 해요! 하지만 세포들이 무너지지 않고 구조를 유지한 채로 모세혈관망 안에 자리를 잡게 해야 하는 문제가 있었어요. 다행히 2016년 말에 하이드로젤을 틀로 이용하는 방법이 개발되면서 이 문제도 해결되었답니다. 하이드로젤이 형태를 잡아 주고 있다가 분해되어 없어지는 방식이지요.

### 뇌와 기계를 연결하다

**뇌-기계 인터페이스**는 두개골이나 뇌에 달린 센서와 컴퓨터가 연결된 모양이에요. 센서가 뇌의 활동을 감지하면 컴퓨터가 그 정보를 처리해서 보철물이나 전동 휠체어, 로봇, 인공 음성 시스템 같은 장치에 전송하는 것이지요. 이 방식은 1970년대부터 개발이 되었지만 아직은 만족할 만한 수준이 아니에요. 센서에 대한 거부 반응 같은 생체 적합성 문제나 잡음 같은 문제들이 완전히 해결되지 않았거든요. 이런 뇌-기계 인터페이스 기술은 의학 분야 외에 군사적 용도로도 활용된답니다.

### 마비된 다리가 움직이다!

2016년 다리가 마비된 원숭이를 다시 움직일 수 있게 하는 실험이 성공했어요. 척수에 신경 보철을 연결하는 방법이었지요.

### 무선 페이스메이커

몇 년 전부터 인체에도 **무선 기술**이 적용되기 시작했어요. '페이스메이커'는 심장 박동 조율기예요. 전극을 심장에 심어 전기 자극으로 심장의 박동을 정상적으로 유지시키는 장치지요. 페이스메이커는 배터리 기술의 발전으로 이미 크기가 상당히 줄었어요. 그런데 이제는 피부 아래에 삽입된 발전기와 심장을 연결해 주는 전선에서도 자유로워진 거예요! 전선을 몸 안에 넣으면 아무래도 합병증이 생길 위험이 있어요. 무선 페이스메이커는 이런 위험을 줄일 수 있지요. 덕분에 앞으로는 세계적으로 수백만 명에 달하는 심부전 환자들이 더 나은 치료를 받을 수 있게 될 것이랍니다.

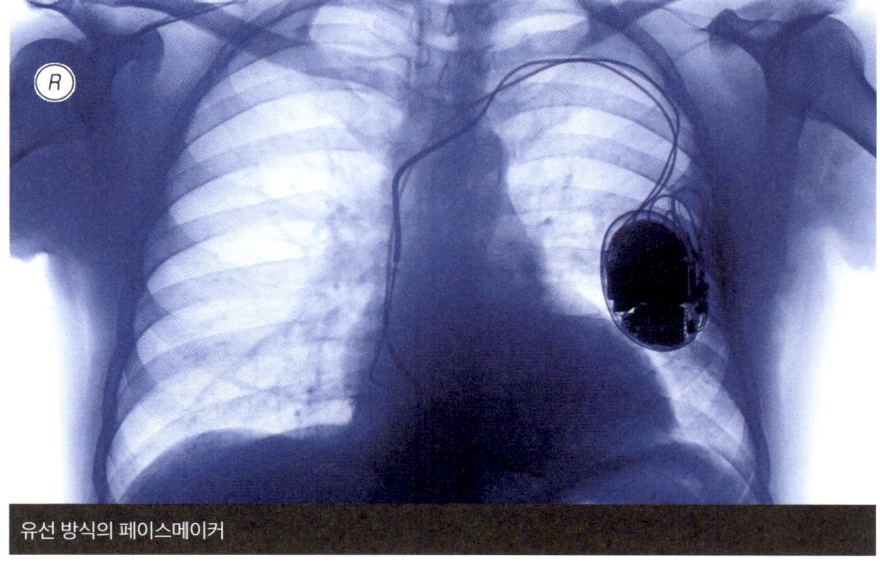

유선 방식의 페이스메이커

# 로봇과 인공 지능

인공 지능의 창시자 앨런 튜링

### 튜링 테스트

개발 초기의 **인공 지능**은 주로 계산 작업과 관련이 있었어요. 하지만 영국의 수학자 앨런 튜링은 1950년대에 이미 더 먼 미래까지 내다보고 있었답니다. 기계가 인간처럼 생각할 수 있는지 아닌지를 판별하기 위한 '튜링 테스트'를 내놓은 것이지요. 테스트 방법은 간단해요. 심사위원은 상대가 사람인지 기계인지 모르는 상태에서 기계와 대화를 해요. 그런 다음 상대가 기계였다는 것을 알아차릴 수 없었다면 그 기계는 테스트를 통과한 것이지요. 그런데 지금까지 어떤 기계도 튜링 테스트를 통과하지 못했답니다. 유머나 비판 같은 변수들은 기계가 이해할 수 있는 코드로 변환하기가 어렵거든요. 또 인간처럼 느껴지려면 적당히 실수도 할 수 있어야 하고요!

### 로봇의 선택

**로봇**은 주어진 변수들을 분석해 논리적인 해결책을 제시할 수 있어요. 하지만 도덕적인 면에서는 문제가 생길 수 있지요. 그래서 군사 로봇은 스스로 발포 결정을 할 수 없도록 만들어진답니다. 하지만 이것으로 충분할까요? 우리는 이 문제를 심각하게 생각해 보아야 해요. 앞으로 여러 용도의 로봇들이 빠르게 우리 생활의 일부가 되어 갈 것이고, 그중에는 결정 능력이 필요한 것들도 많을 테니까요. 자동차의 자동 운전 프로그램만 해도 그래요. 예측이 불가능한 상황에서도 적절한 대응을 할 수 있어야 하잖아요. 구조 활동에 투입되는 로봇은 누구를 살리고 누구를 포기할 것인지 선택해야 할 수도 있고요. 이런 일들은 논리만으로는 해결할 수 없답니다. 그래서 도덕적 판단을 할 수 있는 로봇을 만드는 것이 기술적으로 가능한가 하는 문제가 제기되지요. 그리고 만약 그런 로봇이 정말로 개발되었을 때 생길 수 있는 여러 가지 상황도 생각해 보아야 하고요. 현재 이 문제를 두고 많은 논쟁이 벌어지고 있답니다.

### 인간과 기계의 대결

인간은 오래전부터 기계와 **대결**을 해 왔답니다. 컴퓨터를 상대로 두는 체스 게임이 처음 개발된 것은 1959년이에요. 인간은 1997년 처음으로 이 대결에서 졌어요. 세계 체스 챔피언 게리 카스파로프가 슈퍼컴퓨터 '디퍼블루'에 지면서 큰 이슈가 되었지요. 인공 지능은 경우의 수가 $10^{600}$가지가 넘는 바둑에까지 진출했어요. 판의 진행을 예측하고 수를 둘 때마다 스스로 학습할 수 있는 '지능형' 알고리즘이 등장한 것이지요. 2016년에는 구글 딥마인드가 개발한 인공 지능 바둑 프로그램 알파고와 세계 최고의 바둑 기사 대한민국의 이세돌이 맞붙었어요. 결과는 4대 1로 알파고가 승리했지요.

### 드론

드론은 원래 군사적인 용도로 만들어졌어요. 요즘에는 바다의 기름띠 감시, 태풍 피해자 수색, 전기 시설물 점검 등 민간 분야에도 많이 활용되고 있지요.

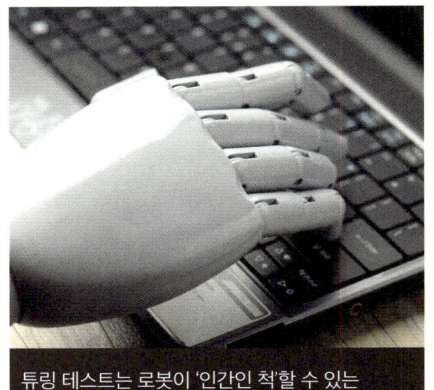

튜링 테스트는 로봇이 '인간인 척'할 수 있는 능력을 알아보는 테스트다.

# 과학과 기술

군사용 드론

### 사람이 아니라 봇!

봇(bot)은 '로봇'의 줄임말이에요. 사람이 하기에는 지겨운 반복적인 업무를 대신 해 주는 인공 지능 프로그램들을 가리키지요. 인터넷 시대에는 봇이 아주 유용하답니다. 웹을 돌아다니면서 수많은 사이트의 정보를 수집해 검색 엔진을 위한 목록을 만들기도 하고, 링크나 포맷이 유효한지 확인하는 등의 일을 해 주거든요. 맞춤법 오류를 바로잡아 주기도 하고요. 요즘은 전화 대신 메신저로 고객 서비스 센터에 문의하는 경우가 종종 있지요. 이때 대답을 해 주는 것도 '챗봇'인 경우가 많아요. 메일로 뉴스를 보내거나 문자메시지로 택배 정보를 발송하고, 컴퓨터에서 사람과 게임을 해 주는 것도 봇이 하는 일이랍니다. 하지만 많은 컴퓨터 프로그램이 악용되고 있는 것처럼 봇도 그다지 바람직하지 못한 목적으로 쓰이는 경우가 많아요. 콘텐츠 제작자가 수익을 얻기 위해 반복적인 클릭으로 조회수를 높이는 봇을 사용하는 것처럼 말이에요. 속임수를 써서 게임을 진행시키는 경우도 있지요. 스팸 메일을 보내기도 하고요.

### 로봇이 수술을?

의료용 로봇은 처음에는 의사에게 도구를 건네주는 간단한 용도로 사용되었어요. 그러다 점차 그 역할이 다양하게 늘어나게 되었지요. 하지만 사람의 명령에 따라 움직이는 건 여전해요. 수술에 사용되는 이런 로봇들은 감염의 위험을 줄여 주는 장점이 있지요. 수술 영상을 실시간으로 전송해 주기도 하고요. 2016년에 자동 수술 로봇 STAR는 동물의 조직을 봉합하는 작업을 혼자 해 내기도 했답니다. 외과 의사들에게 더없이 유용한 도구가 탄생한 것이지요.

가정용 드론

### 드론의 군사적 활약

드론은 군사적 목적으로 제1차 세계 대전 말부터 본격적으로 개발되어 지금까지 유용하게 쓰이고 있어요. 원격으로 조종해 영상을 찍거나 무기를 운송하는 등의 임무를 맡길 수 있거든요. 군사용 드론은 공격 및 방어, 첩보 등 다양한 목적으로 활용할 수 있지요. 그래서 날아가는 속도와 도달 가능한 사정거리, 난기류에 대한 저항력을 높이기 위해 지속적인 연구가 진행되고 있답니다.

# 공상 과학 : 꿈일까, 현실일까?

### 하늘을 나는 자동차!

지금까지 많은 **플라잉카**들이 시범적으로 선을 보였어요. 얼마간 성공을 거두기도 했지요. 하지만 하늘을 나는 자동차는 기술적인 문제만 해결하면 되는 게 아니에요. 행정적인 문제도 있거든요. 도로 교통법과 항공 교통법을 동시에 지켜야 하고, 안전 규정도 도로와 항공 양쪽으로 다 따져야 하지요. 최근 개발된 플라잉카는 이륙을 위해 200미터의 활주로가 필요해요. 예전 모델들에 비하면 상당히 짧은 거리지요. 하지만 여전히 도시에서 사용하기에는 너무 긴 거리랍니다. 게다가 가격도 어마어마하게 비싸고요! 그러니 모두가 편리하게 플라잉카를 이용하는 것은 아직은 한참 먼 미래의 일이에요.

### 유니콘이 실제로 존재한다면?

영화 〈쥬라기 공원〉에는 모기 화석에서 추출한 **공룡 DNA**를 유전학적으로 조작해 공룡을 다시 만들어 내는 이야기가 나오지요. 실제로도 '크리스퍼-카스9' 같은 유전자 가위를 이용해 매머드처럼 멸종된 동물들을 복원하려는 연구가 진행되고 있어요. 매머드와 코끼리는 유전적으로 매우 가까워요. 그래서 이론적으로는 매머드의 유전 형질을 주입한 배아를 암컷 코끼리에게 착상시켜 새끼 매머드가 태어나게 하는 일이 가능하지요. 게놈에 대한 지식과 조작 기술이 더 발전하면 멸종된 도도새를 다시 보거나 유니콘을 현실에서 만나게 될 날이 올지도 몰라요! 하지만 이런 연구는 많은 논쟁을 불러일으키고 있어요. 생물계에 큰 영향을 미칠 수 있으니까요. 그리고 코끼리로 매머드를 만드는 것 같은 일들이 윤리적으로 옳은가에 대해서도 생각해 보아야 하고요.

### 순간 이동이 가능하다고?

사람이나 동물, 물체의 차원에서는 **순간 이동**이 불가능해요. 하지만 양자 역학의 차원에서는 얼마든지 가능하답니다! 1930년대에 밝혀진 '양자 얽힘' 현상 때문이에요. 양자 얽힘은 두 입자에 적용되는 물리적 속성이에요. 얽힘 상태에 있는 두 입자는 서로 영향을 받지 않을 수 없어요. 두 입자 사이의 거리와 상관없이 한쪽의 상태가 바뀌면 다른 한쪽의 상태도 즉시 바뀌기 때문이지요. 물질이나 에너지의 전송 없이 정보가 순식간에 이동하는 거예요! 이와 같은 형태의 순간 이동은 정보 과학 분야에서 활용할 수 있어요. 예를 들어 암호화된 메시지를 전송하는 데 매우 유용하지요. 얽힘 상태에 있는 광자들을 이용하면 중간에 도청이 됐는지 아닌지를 쉽게 알 수 있으니까요. 25킬로미터 거리까지는 이것이 가능하답니다.

## 과학과 기술

우주에서 340일을 보낸 스콧 켈리

### 시간여행은 가능할까?

미국의 우주 비행사 스콧 켈리는 우주에서 340일을 보냈어요. 아인슈타인의 상대성 이론에 따르면 그는 일종의 시간 여행을 했다고 볼 수 있지요. 상대성 이론에서는 시간의 개념을 무언가와 비교가 불가능한 절대적인 것이 아니라고 본답니다.

### DNA와 운동 능력

공상 과학 이야기에 자주 등장하는 **슈퍼 히어로**는 유전적 변이의 결과로 초능력을 얻은 경우가 많지요. DNA 시퀀싱 기술 덕분에 실제로 200개 이상의 유전자가 운동 능력과 관계 있다는 것이 밝혀졌어요. 그래서 운동선수를 발굴할 때 DNA 검사로 그 소질을 확인하는 방법도 사용되고 있답니다. 2007년에는 생쥐를 대상으로 유전자 변형을 통해 근육량을 네 배, 지구력을 열 배로 키우는 실험이 이루어지기도 했어요. 이는 200미터를 달리던 사람이 6킬로미터를 달릴 수 있게 된 것과 비슷하답니다. 이 실험은 의료계와 산업계의 큰 관심을 끌었어요.

### 쌍둥이 역설

쌍둥이 중 한 명은 지구에 머물고 다른 한 명은 빛에 가까운 속도로 **우주여행**을 한다면 어떤 일이 벌어질까요? 우주여행을 하는 쪽에서 1년이 흘렀다고 느낄 때 지구에서는 10년이 흐른 상태가 되지요. 우주여행을 하는 쪽은 지구에 남아 있는 쪽보다 천천히 늙게 되는 것이랍니다. 우주에서 340일을 보낸 미국의 우주 비행사 스콧 켈리는 쌍둥이였어요. 실제로 그가 우주에서 돌아와 쌍둥이 형인 마크 켈리와 비교해 보니 달라진 점들이 많았답니다. 신체적으로도, 생리적으로도 말이에요. 이와 같은 실험은 여러 이론들을 검증할 수 있게 해 주지요. 우주여행이 인체에 미치는 영향도 알아볼 수 있고요. 따라서 미래의 우주여행을 준비하는 데 큰 도움이 된답니다.

### 극한의 재활용

우주에서는 무엇이든 아끼는 것이 좋답니다. 폐수뿐만 아니라 땀이나 소변까지도 마시는 물로 재활용이 되거든요! 물론 이런 재활용 기술이 지구에서도 사용되는 날이 올지는 모르겠지만 말이에요.

# 찾아보기

## 알파벳·숫자

3D 80~81쪽, 10~103쪽
5G 92~93쪽
DNA 94~95쪽, 106~107쪽

## ㄴ

나노 과학 70~71쪽
뉴턴 26~27쪽, 46~47쪽

## ㄷ

데카르트 18~19쪽
드론 104~105쪽
딥웹 92~93쪽

## ㄹ

레이저 88~89쪽
로봇 86~87쪽, 104~105쪽
로켓 84~85쪽,

## ㅁ

마리 퀴리 56~57쪽
무한대 30~31쪽

## ㅂ

바이오 3D 프린팅 102~103쪽
바이오닉 보철 86~87쪽
빅데이터 96~97쪽

## ㅅ

사진술 78~79쪽
생체 재료 102~103쪽

순간 이동 106~107쪽
슈퍼히어로 106~107쪽

## ㅇ

아르키메데스 8~9쪽, 12~13쪽
아리스토텔레스 10~11쪽
아인슈타인 34~35쪽, 60~61쪽, 64~65쪽
알고리즘 14~15쪽
양자 역학 38~39쪽, 64~65쪽,
연금술 48~49쪽, 50~51쪽
열역학 58~59쪽
우주여행 60~61쪽, 106~107쪽
운영 체제 90~91쪽
원주율 12~13쪽
이진법 100~101쪽
인공 망막 86~87쪽
인터넷 92~93쪽, 96~97쪽

## ㅈ

자동차 76~77쪽, 84~85쪽
주기율표 40~41쪽
증기 기관 76~77쪽, 58~59쪽

## ㅋ

카오스 이론 24~25쪽, 32~33쪽
컴퓨터 90~91쪽, 92~93쪽

## ㅌ

탈레스 8~9쪽
터치스크린 90~91쪽
통계 24~25쪽, 28~29쪽

트랜스휴머니즘 86~87쪽

## ㅍ

파스칼 22~23쪽
파이 12~13쪽
프로토콜 92~93쪽
피보나치 수열 16~17쪽
피타고라스 8~9쪽, 26~27쪽

## ㅎ

확률 24~25쪽
황금비 16~17쪽

# 이미지 자료 출처

Archives Larousse : 6쪽; 7쪽 - Ph. © Zphoto/Fotolia.com; 8쪽 상단 우측 - Ph. Olivier Ploton; 8쪽 하단 좌측; 9쪽; 11쪽 하단 - Ph. Coll. Archives Nathan; 13쪽; 14쪽 좌측 - Ph. Coll. Archives Nathan; 14쪽 우측; 15쪽; 16쪽 상단 - National Museum of Lapodimonte, Naples; 17쪽 상단 우측; 17쪽 하단 좌측; 18쪽 상단 좌측; 19쪽 - Ph. © Luc Joubert; 21쪽 하단 우측 - Prod. Cube Libre, Feature Film Project, The, Harold Greenberg Fund; 22쪽 하단 좌측 - Ph. Luc Joubert © Archives Larbor; 22쪽 상단 우측 - Ph. Bayle © Archives Nathan; 23쪽; 26쪽 - Ph. O.Ploton; 27쪽 - Ph. Coll. Archives Larbor; 30쪽 상단 좌측 - Ph. Jeanbor © Archives Larbor; 30쪽 하단 우측 - Ph. DR; 34쪽 - J.L. Charmet © Archives Larbor; 35쪽 상단 좌측; 41쪽 - Dessin Laurent Blondel; 42쪽 - Dessin Frédérique Collinet; 43쪽 하단; 44쪽 하단; 49쪽 상단 우측 - Ph. Lou © Archives Larbor; 52쪽 상단 좌측; 54쪽; 55쪽 좌측 - Ph. G. Tomsich © Archives Larbor; 56쪽 - Ph. H. Manuel - Coll. Archives Larbor; 58쪽 상단 좌측; 60쪽 상단 좌측; 62쪽 하단 - O. Ploton; 63쪽 하단 - Dessin Bruno Chizat; 65쪽 하단 우측; 71쪽 상단 우측 - Ph.© D.Stiévenard, IEMN/ISEN UMRS CNRS 8520; 76쪽 상단 우측 - Ph. O.Ploton; 77쪽 상단 우측; 77쪽 하단 - Ph. Jeanbor © Archives Larbor; 78쪽 상단 - Ph.© X DR. - Archives Larbor; 84쪽 상단 우측; 84쪽 하단 좌측 - Cité de l'Automobile, Mulhouse.Ph. O. Ploton; 85쪽 상단 - Ph. O. Ploton; 88쪽 - Ph. M. Didier © Archives Larbor; 90쪽 상단 좌측; 90쪽 하단; 104쪽 상단 좌측 - Ph. © DR.; © Alexander Van Driessche : 101쪽 하단; © Courtesy of Argonne National Laboratory;

© CERN : 37쪽 - CMS/CERN; 68쪽 하단 우측 - Daniel Dominguez-CERN; 69쪽 하단 좌측 - Lucas Taylor/CMS;

© Cosmos : 32쪽 상단 좌측 - Emilion Segre Visual Archives/American Institute of Physics/SPL/C; 36쪽 - Lawrence Berkeley Laboratory/SPL/COSMOS; 39쪽 - IBM/SPL/COSMOS; 67쪽 상단 우측 - Peter Menzel/Cosmos; 70쪽 상단 우측 - Lawrence Berkeley Laboratory/SPL/COSMOS; 72쪽 - Mehau Kulyk/SPL/COSMOS; 73쪽 하단 우측 - Corbin O'Grady Studio/SPL/COSMOS; 82쪽 상단 좌측 - Mehau Kulyk/SPL/COSMOS; 86쪽 하단 - James King-Holmes/SPL/COSMOS; 87쪽 - Pasieka/SPL/COSMOS; 103쪽 하단 우측 - Gustoimages/SPL/COSMOS; 106쪽 하단 우측 - Victor Habbick Visions/SPL/COSMOS;

© ESA : 44쪽 상단

© Fotolia : 36쪽 하단; 55쪽 상단 우측; 62쪽 상단; 74쪽

© Johnstone : 35쪽 하단

© Library of Congress, Washington : 78쪽 하단 - American StereoscopicCompagny; 79쪽 하단

© Microsoft : 91쪽 하단

© NASA : 85쪽 하단; 98쪽 - NASA/JPL-Caltech; 99쪽 상단 우측 - NASA Ames/Nick Bonifas; 99쪽 하단 좌측 - NASA Ames/John Hardman; 107쪽 상단 좌측 - NASA;

© LIGO : 61쪽 - T. Pyle/LIGO;

© Population Réference Bureau : 28쪽

© Shutterstock : 25쪽 하단, 29쪽, 31쪽, 32쪽 하단 우측, 33쪽, 42쪽 하단, 43쪽 상단, 45쪽. 46쪽 상단 우측, 51쪽, 53쪽 하단 좌측, 58쪽 하단 좌측, 59쪽, 65쪽 좌측, 66쪽 상단 우측, 66쪽 하단 좌측, 67쪽, 68쪽 상단 좌측, 70쪽, 71쪽 하단 우측, 81쪽, 83쪽, 86쪽 상단 좌측, 89쪽, 92쪽, 93쪽, 94쪽, 95쪽, 96쪽, 97쪽, 100쪽, 101쪽 상단 좌측, 102쪽, 104쪽 하단 우측, 105쪽 상단 좌측, 105쪽 하단 좌측

© Wellcome Images : 20쪽 상단 우측, 21쪽 상단 좌측, 38쪽, 47쪽, 48쪽 상단 좌측, 48쪽 하단 우측, 50쪽, 57쪽 하단 우측, 76쪽 하단 우측

\* 기타 본문의 모든 도면과 이미지의 출처는 Shutterstock.com.입니다.